Alexandra von Gutthenbach-Lindau

Das Oslo Experiment

Mit 30 Euro am Tag unterwegs in einer der teuersten Städte der Welt

*Bibliografische Information der Deutschen Nationalbibliothek:
Die Deutsche Nationalbibliothek verzeichnet diese Publikation in der Deutschen Nationalbibliografie; detaillierte bibliografische Daten sind im Internet über http://dnb.dnb.de abrufbar.*

© 2015 Alexandra von Gutthenbach-Lindau

*Herausgeber: insidenorway
Copyright Fotos: insidenorway*

Das Werk ist urheberrechtlich geschützt. Jede urheberrechtsrelevante Verwertung bedarf der ausdrücklichen Zustimmung des Herausgebers.

Herstellung und Verlag: BoD – Books on Demand, Norderstedt

ISBN: 978-3-7386-1739-9

Inhaltsverzeichnis

Vorwort (Seite 7)

Angekommen in einer der teuersten Städte der Welt – wo geht´s denn hier in die City? (Seite 10)

Auf die Krone – fertig – los (Seite 11)

Wo der Schlaf noch bezahlbar ist (Seite 12)

Oslo-Pass, Reise-Card oder die Frage: bin ich ein Museumsjunkie (Seite 19)

Essen am Limit oder wie man satt für wenig Geld ins Bett kommt (Seite 20)

Sehenswürdigkeiten zum Nulltarif oder viel Kultur für null Kronen (Seite 26)

Oslos Wahrzeichen oder Liebe auf den zweiten Blick (Seite 23)

Akerbrygge und Tjuvholmen oder wo man sein Herz an die Stadt verliert (Seite 32)

Die Festung Akershus oder ein Reigen von Umbauten (Seite 38)

Wo der König Hof hält oder ein Park fürs Volk (Seite 41)

Die Karl Johan – Straße der Superlative (Seite 46)

Hochnorwegisch? Gibt es nicht! (Seite 51)

Es grünt so grün oder Parkalarm (Seite 65)

Ein Fluß, vier Jahreszeiten – wo die Erholung inmitten der Stadt wohnt (Seite 74)

Stadtviertelschlendereien oder viel Oslo für wenig Geld (Seite 78)

Bygdøy oder wo Kultur Natur küsst (Seite 86)

Museen zum kleinen Preis (Seite 88)

Museumstour für Budgetbrecher (Seite 93)

Die Wikinger (Seite 98)

Kostenloser Besichtigungsspaß in der Umgebung von Oslo (Seite 106)

Anhang (Seite 122)

Vorwort

Oslo – norwegische Hauptstadt und einer aktuellen Studie zufolge drittteuerste Stadt der Welt. Touristen verzweifeln gelegentlich ob der horrenden Preise in Norwegen. Eine persönliche Situation zwang mich zu Beginn des Jahres selbst mit äußerst bescheidenen Mitteln in Oslo zu überleben. Aus der anfänglichen Verzweiflung wuchs die Idee die Hauptstadt nach Möglichkeiten zu durchkämmen für möglichst wenig Geld viel zu sehen. Mein verfügbares Tagesbudget: 250kr – ca. 30€. Und da mich immer wieder Oslo-Reisewillige ansprachen, ob es nicht machbar sei auch mit wirklich kleinem Budget eine Oslo-Reise zu stemmen, nahm ich das zum Anlass auch die günstigsten Möglichkeiten für Verpflegung und Übernachtung zu finden (letztere ist freilich nicht in 30€ unterzubringen, aber auch hier gab es wirkliche Überraschungen).

Somit startete ich ein Selbstexperiment und bewegte mich zehn Tage lang als Touristin in Oslo, testete Sehenswürdigkeiten, Museen, Restaurants und Hotels. Und siehe da: wer Flexibilität an den Tag legt, kann eine ganze Menge aus seinem Budget herausholen. Alle Fakten wurden nach bestem Wissen recherchiert und mit persönlichen Erlebnissen und Erfahrungen ergänzt. Denn schließlich sind es doch die Erlebnisse außerhalb der historischen Fakten, die eine Reise unvergesslich machen. So entstand ein sehr persönlicher Reiseführer, der auch den ein oder anderen Leser hoffentlich in Oslove entflammt.

Nicht alle Sehenswürdigkeiten, die Oslo zu bieten hat, wurden hier aufgenommen, und das aus gutem Grund. Aber das war auch nicht das Ziel. Vielmehr wollte ich zeigen, dass man alles, was Oslo ausmacht, für wenig Geld oder sogar kostenlos bekommt. Ein paar Sightseeing-Highlights, die das Budget sprengen, haben aber doch hier hin gefunden. Das bezieht sich vor allem auf eine Handvoll Museen, deren Ausstellungen untrennbar mit der Kulturlandschaft Oslos verbunden sind. Hier kann jeder für sich entscheiden, ob er für den Besuch zusätzlich ein paar Kronen investieren möchte.

Aber auch wer die teuren Museen außen vor lässt wird Oslo lieben lernen.
Auf umfangreiches Kartenmaterial habe ich in diesem Reiseführer verzichtet, nahezu überall in der Stadt liegen kostenlose Stadtpläne aus. Das Besucher-Center visitOslo gleich am Hauptbahnhof hält ebenfalls Stadt- und Fahrpläne der öffentlichen Verkehrsmittel bereit.

Also auf denn ins Vergnügen und Oslo entdecken!

Angekommen in einer der teuersten Städte der Welt – wo geht´s denn hier in die City?

Um nach Oslo zu gelangen hat man ja gewöhnlich mehrere Möglichkeiten. Die meisten reisen in die norwegische Hauptstadt mit der Fähre oder dem Flugzeug. Als Fährenreisender hat man den Vorteil, dass man so ziemlich direkt in der Stadt landet, denn die Fähranleger befinden sich zentrumsnah, so dass man sogar zu Fuß in die Stadt laufen kann, wenn man nicht allzu viel Gepäck hat.
Für Reisende, die ihr Köfferchen nicht von Hand nach Oslo hineintragen möchten, stehen in der Regel an den Fähranlegern Pendelbusse bereit, die einen in die City befördern. Wer mit dem Flugzeug anreist landet meistens auf dem Flughafen Gardermoen, ca. fünfzig Kilometer außerhalb von Oslo. Flüge sind bei rechtzeitiger Buchung bei allen Airlines recht günstig zu haben.

Für den Reisenden mit schmalem Budget fängt das Sparen gleich hier an. Denn das erste, was einen anleuchtet, wenn man sich zum Zugterminal am Ende der Abflughalle bewegt, sind die Ticketschalter des Flytoget. Er fährt alle zehn Minuten nach Oslo City, reißt aber gleich ein Loch ins Budget mit einem Ticketpreis von 170kr, am Schalter sogar 200kr. Mein Tipp: den Regionalzug nehmen.
Die Linien R 10 und L 12 mit den Zielen Kongsberg und Skjen fahren alle dreißig Minuten zum Osloer Hauptbahnhof, brauchen lediglich fünf Minuten

länger als der Schnellzug und sparen eine Menge Geld, denn das Ticket kostet hier lediglich 90kr.
Netterweise hat der Osloer Verkehrsverbund die Schalter am Flughafen gleich hübsch aufgeteilt. Links rote „ruter" Schalter für den Regionalzug, rechts orange Schalter für den Schnellzug Flytoget. Also LINKE Schalter nutzen!

Auf die Krone – fertig – los

Da Norwegen bekanntlich ja nicht zur EU gehört, müssen Kronen her. Wer noch nicht in Deutschland getauscht hat, sollte sich ganz schnell die Kartenmentalität der Norweger aneignen. Direkt am Airport befindet sich ein Exchange, der in punkto Gebühren ganz moderat ist. Preiswerter ist es jedoch Geld am Automaten zu ziehen. Achtung: die Automaten haben manchmal etwas gegen deutsche EC-Karten, deshalb ist man am besten mit einer Kreditkarte beraten. Die zahlreichen Bankfilialen in der Stadt tauschen in der Regel keine Währung, so dass man Bargeld nur in der Forex-Bank tauschen kann. Deren Filialnetz ist gut über Oslo verteilt, ich persönlich finde jedoch die Gebühren relativ hoch. Fürs Kopfrechnen kann man sich ungefähr an die Regel halten 1€ = 8kr (Stand: Juni 2015).

Generell gilt für alle Zahlungsvorgänge in Norwegen: überall werden Karten akzeptiert. Egal ob man nur eine Flasche Wasser am Kiosk kauft, ein Busticket löst oder einen Großeinkauf macht. Selbst 2kr können mit Karte bezahlt werden. Als Kartenjunkie wie ich, ist man daher gut beraten

seine Ausgaben nachzuhalten, damit man bei der Abrechnung nicht die große Überraschung erlebt.
Für das Oslo-Experiment habe ich mich hauptsächlich auf Bargeld konzentriert, so konnte ich das Tagesbudget von 250kr effektiver kontrollieren.
Sollte man am Ende des Aufenthalts noch Münzen übrig haben, die ja bekanntlich nicht rücktauschbar sind, kann man diese jedoch nutzen und den letzten Kauf anteilig in Münzen und mit Karte zahlen.

Wo der Schlaf noch bezahlbar ist

Das Thema „wo übernachten" reißt für gewöhnlich das größte Loch ins Reisebudget. Wie jede andere Metropole bietet auch Oslo alle Varianten von der einfachen bis zur Luxusunterkunft. Im Hinblick darauf preiswert zu wohnen, aber einen gewissen Komfort-Standard nicht zu unterschreiten habe ich nach zahlreichen Tests einige persönliche Favoriten gefunden (Zimmerpreise sind hier in Euro angegeben, da man für gewöhnlich die Unterkunft bucht, wenn man sich noch in heimischen Gefilden befindet):

Zu den preiswertesten Hotels in Oslo zählt das **Smarthotel (www.smarthotel.no)**. Es liegt in der Innenstadt in unmittelbarer Nähe des Königlichen Palastes. Die Preise sind mit 70-90€ pro Einzel- bzw. Doppelzimmer moderat, allerdings muss man sich auf sehr kleine Zimmer einstellen inklusive schmal bemessene Betten. Das ist aber generell in Norwegen so.

Der Norweger bevorzugt schlafen auf kleinem Raum und hat auf der Matratze stets eine Auflage, die bei unruhigem Schlaf genüsslich einen halben Meter aus dem Bett wandert. Aber schließlich verbringt man ja den Großteil der Zeit außerhalb des Zimmers. Dafür sind die Zimmer modern eingerichtet. Das Frühstücksbuffet muss man separat zu buchen, ist aber mit 11€ pro Person preiswert für das, was einem geboten wird. Man kann sich hier wirklich satt essen. Wer morgens große Portionen verschlingt und dann bis zum Abendessen nicht viel braucht, ist hiermit gut beraten.
Wer allerdings kein großer Frühstücksmensch ist sollte sich die Buchung sparen und auf das Früh-

stück to go setzen, das die Norweger gerne praktizieren.

Die Kiosk-Kette Narvesen, die es quasi an jeder Ecke gibt, hält für 25kr morgens einen Riesenkaffee in Kombination mit einem süßen Gebäck bereit. Das mache auch ich gerne wenn ich auf dem Weg zum Job bin.

Alternativ kann man jedoch auch auf dem Zimmer frühstücken. Brot und Käse oder was man sonst morgens auf seinem Brot bevorzugt, kann man bei den preiswerten Supermarktketten Kiwi oder Rema 1000 kaufen, auch hiervon gibt es Filialen überall in der Stadt. Die preiswerten Hotels verfügen meist jedoch über keine Minibar, in den warmen Monaten sollte man das beim Einkauf unbedingt berücksichtigen. In den kalten Monaten jedoch herrscht auf der Fensterbank ein herrlich kaltes Klima, wenn man den Vorhang zuzieht und das Fenster öffnet und das ersetzt sozusagen die Minibar. Auf freundliche Nachfrage erhält man beim Personal Tassen und Teller sowie Besteck aus der Hotelküche. Spätestens nach zwei Tagen hat man dann auf dem Zimmer ein kleines Chaos mangels Abstellmöglichkeiten, dafür lacht der Geldbeutel.

Mein zweiter Favorit ist die **Citybox Oslo (www.citybox.no)**, in der Nähe des Hauptbahnhofs gelegen. An dieser Stelle sei gesagt, dass es in der norwegischen Hauptstadt unproblematisch ist gleich am Hauptbahnhof zu wohnen. Oslo hat sich hier städtebaulich sehr ins Zeug gelegt. Die Zimmer der Citybox bewegen sich preislich auf dem gleichen Level wie das Smarthotel, dennoch gibt es einige Unterschiede.
Die Zimmer sind in der Regel etwas größer und haben hohe Decken, da sich das Hotel in einem sanierten Altbau befindet. Auf den Fernseher muss man verzichten und auch eine Minibar gehört nicht zur Ausstattung, das Vorhang-Fenster-Kühlsystem funktioniert aber auch hier. Frühstück gehört generell nicht zum Angebot der Citybox, dafür gibt es in der Lobby Wasserkocher und Mikrowelle, sowie einen Kaffee-Automaten. Wer flexibel ist kann hier daher die Verpflegungskosten auf ein Minimum herunterfahren und sich Frühstück und Abendessen selbst zubereiten.

Kleines Manko: hier gibt es lediglich Wegwerfgeschirr, was ich bei den Tellern und Kaffeebechern verkraftbar finde. Wer kann sollte sich jedoch

Besteck von zuhause mitbringen. Und wer plant in der Citybox regelmäßig seine Malzeiten zuzubereiten kann verderbliche Ware, mit seinem Namen gekennzeichnet, im Kühlschrank der Lobby unterbringen. In Anbetracht dessen, dass preiswert essen gehen in Oslo nur eine begrenzte Anzahl von Möglichkeiten offen lässt, kann man hier ordentlich am Budget sparen. Nebenbei hat man Kontakt mit anderen Oslo-Besuchern, was ich immer sehr spannend finde und kann sich über das ein oder andere austauschen.
Ein Geheimtipp für Romantiker ist die **Pension Ellingsens** im schönen Altbau-Stadtteil Frogner **(www.ellingsenspensjonat.no).** Hier übernachtet man in einer stilvollen Villa in liebevoll eingerichteten Zimmern bereits ab 65€. Weiße Bettwäsche mit vielen Kissen, Tapeten in zart beige, skandinavisch heimelig. Hier unterliegt man allerdings der Gefahr, dass man den ganzen Tag im Bett bleiben möchte weil es so gemütlich ist. Leider besteht keine Möglichkeit zur Selbstversorgung, also im Vorfeld kalkulieren. Ein Becher Nudelsuppe oder ein Brot auf dem Zimmer gehen natürlich immer.

Noch preiswerter geht es mit einer privaten Unterkunft. So lernt man nicht nur Land, sondern auch Leute kennen. Viele Norweger vermieten ein Zimmer ihrer Wohnung an Touristen. Auch in Oslo gibt es zahlreiche Angebote. Für mich persönlich hat sich hier **airbnb** bewährt. Über deren Website **(www.airbnb.com)** findet man private Unterkünfte in jedem Stadtteil, teilweise schon ab 30€ pro Nacht. In der Regel benutzt man jedoch Bad und Küche des Vermieters mit, wer auf eine eigene Toilette nicht verzichten kann ist also mit einem Hotel besser bedient. Man kann jedoch auch ganze Unterkünfte mieten, die ebenfalls schon ab 30€ zu haben sind und man bekommt gleich das Ich-bin-in-Oslo-zuhause-Feeling. Preislich ist der unschlagbare Vorteil, dass man sich lebensmitteltechnisch selbst versorgen kann und nur mittags auf essen in der Stadt angewiesen ist. Komfortmäßig ist hier alles drin, man bucht gewissermaßen das Überraschungspaket. Anhand der Fotos lässt sich die Sauberkeit nicht immer ablesen. Wirkliche Reinfälle habe ich bei privaten Unterkünften noch nicht erlebt, aber der sauberkeitsfanatische Putzteufel ist möglicherweise irritiert.

Sehr preiswerte Unterkünfte bietet auch das **Anker Apartment Haus (www.ankerapartment.no)** im Stadtteil Grünerløkka. Hier kann man zwischen unterschiedlichen Unterbringungsmöglichkeiten wählen. Wer nur ein Bett braucht, schläft am preiswertesten im Schlafsaal, allerdings hat man hier keine eigene Dusche und Toilette. Dafür übernachtet man für 21€ pro Nacht. Bettwäsche und Handtücher bringt man mit oder leiht es im Hotel gegen einen geringen Aufpreis. Der ein oder andere kennt das noch aus Jugendherbergszeiten.

Wer eine eigene Toilette bevorzugt und gerne sein eigenes Zimmer hat kann sich hier auch ein Einzel- oder Doppelzimmer mieten, das Einzelzimmer gibt es bereits für 58€. Der Vorteil der Zimmer: jedes hat eine Pantryküche, in der man sein eigenes Essen zubereiten kann. Ein kleiner Supermarkt befindet sich gleich in der Lobby.

Aber auch wer im Schlafsaal übernachtet hat die Möglichkeit sich selbst in der Gemeinschaftsküche zu versorgen.

Auch die **Jugendherberge der Stadt (www.haraldshaim.no)** bietet eine gute Übernachtungsmöglichkeit, die Zimmer sind zweckmäßig und freundlich eingerichtet und eine große Gemeinschaftsküche lädt ein sich mit Frühstück und Abendessen selbst zu versorgen. Hier wohnt man am Stadtrand mit Blick auf Oslo bereits ab 30€ pro Nacht. Wenn man kurzfristig nach Oslo will steht man hier buchungsmäßig allerdings schnell vor dem aus, außer man ist Schlafsaalfanatiker. Für den Doppelzimmerliebhaber heißt es: weit im Voraus buchen!

Wer im Sommer nach Oslo reist kann sogar zum Nulltarif übernachten. Die Norweger haben in dieser Hinsicht ein hervorragendes Recht in ihrer Gesetzgebung verankert, das Allemannsretten. Es besagt, dass man sich in der Natur frei bewegen darf und in „offenem Land", also solches, das nicht eingezäunt ist, nach Herzenslust sein Zelt aufschlagen kann, Blick auf den nächtlichen Sternenhimmel und die Stadt in der Mitternachtssonne inklusive. Zu bebauten Flächen und eingezäuntem Land sollte man 150m Abstand halten und offenes Feuer ist im Wald oder in der Nähe von Waldgebieten nicht erlaubt. Dafür darf man sich in der norwegischen Natur bei allem bedienen was sie zu bieten hat. Beeren, Blumen und Pilze. Mehr Information zum Allemannsretten auf www.visitnorway.com.

Für das naturverbundene Übernachtungserlebnis eignet sich die Insel **Langøyene** hervorragend. Für Toilettenhäuser auf der Insel ist gesorgt, aber nachts bitte nicht über schlafende Gänse- und Entenscharen stolpern, wenn man schlaftrunken das Örtchen aufsucht. Wer mit Fußsohlen ohne Vogelhinterlassenschaften zurückkommen will: Schuhe an. Und Handtücher, die sich kochen lassen sind auch von Vorteil um später den Vogelmist wieder loszuwerden.

Die Fährüberfahrt ist im Tages- und Wochenticket sowie im Oslopass inklusive, die Inseln Hovedøya und Langøyene stehen auch bei den Osloern hoch im Kurs. Allerdings darf man nur auf Langøyene zelten.

Oslo-Pass, Reise-Card oder die Frage: bin ich ein Museumsjunkie

Hier eine Empfehlung auszusprechen ist die größte Herausforderung, da die individuellen Besichtigungsvorlieben eine entscheidende Rolle in der Rentabilität spielen. Der Oslo-Pass ist eine Kombi-Karte, die freie Fahrt mit den öffentlichen Verkehrsmitteln, freien Eintritt in dreißig Museen und zu einigen anderen Freizeitaktivitäten gewährt. Man wählt zwischen 24, 48 und 72 Stunden Gültigkeit und bezahlt 320, 470 oder 590kr. Für den absoluten Museumsjunkie lohnt sich die Karte in jedem Fall, da der durchschnittliche Museumseintritt bei 100kr liegt. An dieser Stelle sei gesagt, dass viele Ausstellungen in 1 ½ bis zwei Stunden zu bewältigen sind. Man kann also durchaus drei Museen an einem Tag besuchen. Für den Crack sozusagen.

Ich persönlich bevorzuge die klassische Reise-Card, sprich das Tagesticket für die öffentlichen Verkehrsmittel, viele Sehenswürdigkeiten sind fußläufig und obendrein noch kostenfrei. Das Tagesticket zum Preis von 90kr hat sich bereits mit drei Fahrten amortisiert. Wer länger in Oslo bleibt ist mit dem Sieben-Tage-Ticket für 240kr gut beraten. Es lohnt sich in der Regel auch schon ab einem Aufenthalt von drei Tagen. Da Städtetouren meistens mit viel Laufen verbunden sind, ist man gelegentlich froh, wenn man auch zwei Stationen mit den öffentlichen Verkehrsmitteln zurücklegen kann ohne wieder ein neues Ticket lösen zu müssen. Die Füße werden es einem danken.

Essen am Limit oder wie man satt für wenig Geld ins Bett kommt

Das Thema Verpflegung ist in Oslo eine besondere Herausforderung. Restaurantbesuche sind in der Regel im Verhältnis zu Deutschland relativ teuer. Aber auch hier gibt es Möglichkeiten sich mit kleinem Budget zu bewegen.

Wer sein Essen nicht selbst zubereiten möchte findet das preiswerteste Essen definitiv in der **Studentenkantine Frederikke Mathus**, Problemveien 11, geöffnet Mo-Do 11-19 Uhr, Fr 11-18 Uhr, Haltestelle Blindern, T-Bane 3, 4, 5.

Ja, Studentenkantine erzeugt in manch einem einen komischen Beigeschmack. Hier aber unnötig. Es werden Tagesgerichte, vegetarische Gerichte und auch internationale Küche serviert. Das Schöne: man isst hier auch als Nicht-Student für 55-80kr! Unschlagbar.

Obwohl sich preismäßig kein Restaurant mit der Studentenkantine messen kann, gibt es darüber hinaus noch eine Auswahl an Restaurants, die in Kombination mit den kostenfreien Sehenswürdigkeiten das 30€-Tagesbudget wieder ins Lot bringen.

Preiswert essen geht auch im Möbelhaus. Wie fast überall auf der Welt betreibt **IKEA** auch Filialen in Oslo. Schwedisches Essen gibt es hier ab 69kr. Ein kostenloser Pendelbus fährt ab Fred Olsens gate 2

(Nähe Hauptbahnhof). Ich verbinde ja IKEA gerne mit den Hotdogs, die es dort bekanntlich auch zu kaufen gibt. Dafür aber bitte nicht ins Möbelhaus, sondern zur Kioskkette Seven eleven. Größere Würstchen und mehr Vielfalt für wenig Geld.

Wer gern vegetarisch isst kann sich im **Vega (www.vega-restaurant.no)** für 145kr so richtig satt essen. Den kleineren Hunger stillt man hier bereits ab 70kr. Nicht umsonst zählt das Vega zu den beliebtesten vegetarischen Restaurants Oslos. Akersgata 74, Haltestelle Rosingsgate mit Buslinien 33, 37 46. Alternativ gibt es auch gutes vegetarisches Essen im **Krishnas Cuisine (www.krishnas-cuisine.no)**, auch hier liegt das Essen preislich bei ca. 150kr, Sørkedalsveien 10 (vis-a-vis Colosseum Kino) im Stadtteil Majorstuen, Haltestelle Majorstuen, T-Bane 1-6.

Wenn man schon mal in Norwegen ist, sollte man auch unbedingt die norwegische Küche ausprobieren, es muss ja nicht gleich gekochter Schafskopf oder Fischleber mit gegarten Fischeierstöcken sein. Norwegische Küche auch für den mitteleuropäischen Gaumen gibt es im **Olympen Mat og Vinhus (www.olympen.no)**, Grønlandsleret 15, Haltestelle Grønland, T-Bane 1-6. Der Mittagstisch (Lunsj) liegt hier preislich mit durchschnittlich 150kr noch so gerade im machbaren unseres Tagesbudgets, für die Abendkarte (Middag) muss man um die 180kr hinblättern. Serviert wird Dorsch, Rentier und andere norwegische Traditionsküche. Ebenfalls mittags isst man für ca. 150kr in der **Sagene Lunsjbar**

(www.sagenelunsjbar.no) Hier gibt es norwegische Lunsjgerichte und abends halten sich auch die Preise für Burger und Salate im Rahmen. Maridalsveien 153 b, Haltestelle Arendalsgata, Bus 20, 37, 54. Noch mehr norgisches Essen gibt bei **Dovrehallen**, Storgata 22, Nähe Hauptbahnhof. Das Tagesgericht gibt es bereits ab 110kr. **(www.drovehallen.no)**. Bei der Bezeichnung „Middag" vom norwegischen nicht auf das deutsche Wort „Mittag" schließen. „Middag" bedeutet in Norwegen schlichtweg Abendessen und wird ab 16 Uhr serviert.

Die Pizza hat sich mittlerweile auch in Norwegen etabliert und ist preiswert zu haben. Es gibt sogar Wettbewerbe für den besten Pizzabäcker der Region. Im **Concerto Café, Bar og Pizzeria (www.concerto.no)** gibt es eine große Auswahl bereits ab 120kr. Ruseløkkveien 3, Nähe Königlicher Palast. Gleiches gilt für **Dolly Dimple´s (www.dolly.no).** im Sommer kann man sich seine Pizza auch als Take-away bestellen und es sich auf dem Langkaia mit Blick auf die Oper gemütlich machen. Kein Restaurant hat einen besseren Ausblick. Im **Ricetta (www.ricetta.no)** lohnt sich die Pizza zum mitnehmen, denn man ist bereits mit 85kr dabei. Toftes Gate 15a, Haltestelle Biermanns Gate, Straßenbahn 11, 12, 13. Wer mag fährt in vier Minuten mit der Pizza zum Sofienbergpark, Straßenbahn 11 Richtung Majorstuen, Haltestelle Olav Ryess Plass, und genießt sein Essen dort.

Im teuren Oslo ist auch asiatische Küche eine gute Alternative. Vietnamesisch isst man im **Lille Saigon 1**, Bernt Angers Gate 7, Haltestelle Hammersborggata, Bus 121, 131, 143.
Chinesische Küche wird serviert im **Peking-Garden (www.pekinggardenoslo.no)**, Haakon VIIs gate 10, Nähe Nationaltheater, gebratene Nudeln und Reis ab 120kr, Hühnchen gibt es für 140kr.

Preiswertes indisches Essen gibt es im Restaurant **Punjab Tandoori** im Stadtteil Grønland **(www.punjabtandoori.no).** Hier isst man bereits ab 100kr Hühnchencurry und andere Köstlichkeiten. Achtung: das Restaurant ist klein und immer brechend voll, wenn der Hunger bereits bis unter die Arme hängt muss man im Duft der Gerichte ausharren und den anderen dabei zusehen, wie sie sich über ihre vollen Teller her machen, was einer Folter gleich kommen kann.

Beim **Thai Takeaway** gibt es gutes, preiswertes thailändisches Essen zum Mitnehmen ab 120kr, Kirkeveien 48, Haltestelle Frognerstadion, Straßenbahn 12. Der Vorteil: das Restaurant befindet sich direkt am Vigelandpark, man kann also sein Essen gleich dort genießen. Ebenfalls preiswerte thailändische Küche gibt es im Restaurant **Bør & Børsen (www.borsenbar.no)**, Trondheimsveien 13, Bus 31, Haltestelle Lakkegata Skole, Traditionelle thailändische Gerichte ab 120kr. Quizunterhaltung und Karaoke gibt es gratis dazu.

Getränke für unterwegs sind im Grunde an jeder Ecke bei einer der großen Kioskketten zu haben, in Anbetracht des Tagesbudgets empfiehlt es sich aber lieber im Supermarkt zuzugreifen. Während man für einen halber Liter Softgetränk am Kiosk 29kr, umgerechnet 3,70€ berappen muss, bekommt man hierfür im Supermarkt gleich 1 ½ Liter. Also besser in kleine Flaschen umfüllen und für unterwegs mitnehmen. Dass man mehr zu tragen hat redet man sich einfach mit mehr Kalorienverbrauch schön.

Kleine Snacks für zwischendurch bekommt man fast an jeder Ecke bei den großen Kioskketten Narvesen und Seven Eleven. Von überbackenen Panninis bis zu süßen Teilchen ist für jeden Geschmack etwas dabei, jeder sollte einen Hotdog versuchen. Die Preise bewegen sich zwischen 25 und 40kr, umgerechnet drei bis fünf Euro.

Sehenswürdigkeiten zum Nulltarif oder viel Kultur für null Kronen

Das Schöne an den meisten Städten ist ja, dass eine ganze Menge Sehenswürdigkeiten kostenlos sind. Das ist in Oslo nicht anders.

Oslos Wahrzeichen oder Liebe auf den zweiten Blick

Das **Rathaus** im Herzen der Stadt, direkt am Hafen, ist Ausgangspunkt um die gesamte Hafengegend zu erkunden. Ich habe einige Zeit gebraucht bis ich es in mein Herz geschlossen hatte, denn graziös kann man den Bau wahrhaftig nicht nennen. 1950 eröffnet ist es Wahrzeichen der Stadt und die Meinungen über den Bau gehen weit auseinander. Ohne Zweifel beherrscht es das Osloer Zentrum und gibt dem Rat der Stadt und der Ratsversammlung ihr Zuhause. Es ist ausschließlich aus norwegischen Materialien erbaut (der Norweger hat grundsätzlich eine große Affinität zu heimischen Produkten, nicht nur bei der Verwendung von Baumaterialien, sondern auch bei Dingen des täglichen Lebens) und beherbergt eine beachtliche Sammlung von Kunstwerken, alle von norwegischen Künstlern geschaffen.

Der Bau bewegt sich stilistisch zwischen Nationalromantik, Funktionalismus und Klassizismus und benötigte 19 Jahre von der Grundsteinlegung bis

zur Eröffnung, da sich die Fertigstellung durch den zweiten Weltkrieg verzögerte. Alljährlich findet in der großen Halle am 10. Dezember die Verleihung des Friedensnobelpreises statt. Wer hier öfter verweilt - denn besonders im Winter ist das Rathaus als Ort zum Aufwärmen gut geeignet - bemerkt nach einiger Zeit, dass es eine ganze Menge über Norwegen und die norwegische Mentalität erzählt.

Bereits außen gibt es am Rathaus einiges zu entdecken, wie die breite Treppe zum Fjord hin, die sechs Bronzeskulpturen von Per Palle Storm ziert. Dargestellt sind sechs Berufsgruppen, die am Bau des Rathauses beteiligt waren. Rechts über dem Haupteingang hängt die astronomische Uhr, deren fünf Zeiger Zeit, Sternzeit, Sonne, Mond und Mond- und Sonnenfinsternisse anzeigt.

Durch den Haupteingang gelang man direkt in die große Rathaushalle, Verleihungsort des Friedensnobelpreises. Mächtig bunt geht es hier zu. Praktischerweise gibt es in der Halle eine ganze Menge Bänke, auf denen man es sich gemütlich machen kann. So kann man die Gemälde auch besser auf sich wirken lassen, das Kreuz und die Füße entspannen und auch einen Coffee to go schlürfen. Norwegens Besatzungsjahre, die Kernfunktionen des Rathauses, norwegisches Arbeitsleben und natürlich die Darstellung des Schutzheiligen der Stadt, **St. Hallvard**, kann man in der Haupthalle eingehend betrachten. Letzteren findet man übrigens nicht nur im Stadtwappen hier in der Halle, sondern auch überall sonst in Oslo.

Geht man die Treppe hinauf in den zweiten Stock warten noch eine Reihe sehenswerter Säle. Den Anfang macht der **Harald Hårdråde Saal**. Harald „der Harte" Hårdråde gilt als Gründer von Oslo. Hier blickt das Mittelalter von den Wänden herab. Die Wandteppiche zeigen dann auch den König, die Gründungsurkunde der Stadt in der Hand und durch das Stadttor reitend sowie die Schlacht bei Stanford Bridge in der der König im Jahr 1066 fiel.

Danach gelangt man zum **Munch-Zimmer**, dem wohl bekanntesten Maler Norwegens gewidmet, dessen Bild „Der Schrei" weltberühmt ist. Genau wie St. Hallvard ist auch Munch in der Stadt überall anzutreffen, fast jedes öffentliche Gebäude stellt ein Werk von ihm aus. Im Rathaus hängt sein Gemälde „Das Leben", gemalt 1910, das Jung und Alt um den Baum des Lebens herum zeigt.

Größere Empfänge hält die Stadt in der sich anschließenden **Festgalerie** ab. Norwegische Geschichte ist hier Programm und die wichtigsten Erwerbszweige des Landes wie Fischerei, Landwirtschaft, Seefahrt und Handel. Weiter geht es mit dem Bankettsaal inklusive Portraits der norwegischen Königsfamilie.

Von dort geht man in die östliche Galerie, das **Krogh-Zimmer**. Das Thema „Die Stadt und ihr Hinterland" macht einem spätestens jetzt klar, dass das Rathaus „Norwegen und Oslo im Schnelldurchgang" ist. Stadt und Land, Wechsel der Jahreszeiten und Kathedraleninspiration.

Der **Ratssaal** schließt sich an und wer mag kann hier hinter die Kulissen der norwegischen Politik blicken, denn Sitzungen der Ratsversammlung sind öffentlich und können von der Galerie aus verfolgt werden. Ob das ein besonderes Vergnügen ist, vermag ich nicht zu sagen, aber immerhin wacht der Schutzpatron der Stadt auf Wandteppich und Rednerpodium.

Und nicht genug damit, dass man am Schluss des Rundgangs alle Informationen im Gehirn sortiert, kommen im letzten Raum, dem **Storstein-Zimmer**, auch noch die Menschenrechte dran, sie ziehen hier bildhaft in die norwegische Verfassung ein.

Danach ist der **Rathausplatz** ein prima Ort zum Zwischenstopp. Auch die Osloer halten sich hier gern auf. Zu allen Jahreszeiten wird hier Musik gemacht und man erhält von einer der Straßenbands gleich einen Querschnitt so ziemlich aller

Evergreens, die die Musikliteratur zu bieten hat. Entertainment-Faktor 10 Punkte. Und gefeiert wird hier auch noch. Sommer wie Winter ist der Rathausplatz auch Festplatz und mitunter wundert man sich wie schnell die Stadt es schafft Bühnen, Zelte und weiteres Veranstaltungs-Equipment auf- und abzubauen. Wo gestern Abend noch freie Fläche war steht morgens ein ganzer Veranstaltungspark und umgekehrt.

Am Springbrunnen lässt es sich in den Sommermonaten herrlich mit einem Kaffee relaxen, wenn einem gleichzeitig der Sommerwind vom Oslofjord um die Nase weht. Gut, dass im Kaffee-Konsumland Norwegen immer ein Coffee to go in der Nähe winkt.

Und wenn man schon mal da ist kann man auch gleich dem Glockenspiel lauschen, das zu jeder vollen Stunde ab sieben Uhr morgens bis Mitternacht über den Platz erklingt. 49 Glocken mit zwanzig Tonnen Gewicht kann sich wirklich keiner entziehen. Es ist auch gleich das größte in Nordeuropa.
Und den Blick auf das Friedensnobelpreiscenter hat man hier auch, das gleich gegenüber dem Rathaus liegt und im ehemaligen Westbahnhof untergebracht ist.

Akerbrygge und Tjuvholmen oder wo man sein Herz an die Stadt verliert

Orientiert man sich vom Rathausplatz zur westlichen Seite des Hafens gelangt man in das zauberhafte **Akerbrygge**, dem „Manhattan" von Oslo. Gut, Wolkenkratzer gibt es nicht, dafür aber viel moderne Architektur. Wer das Gelände vor den 1980er Jahren gesehen hat, kann kaum glauben, was hier in den letzten Jahrzehnten entstanden ist. Damals befand sich hier noch das Werftgelände der Akers mekaniske versted AS, rostige Schiffe, Metall, Kräne, Industriegeruch, die Westseite des Hafens wartete mit allem auf, was man nicht unbedingt unter den Punkt Augenweide fasst. Also kaufte die Stadt in den 1980er Jahren kurzerhand das gesamte Gelände und machte sich an die erste Bauphase. Beendet

1986. Dass die Werkshallen zum Großteil integriert wurden erzeugt heute den besonderen Charme. Bis 1998 wurde gebaut und seit Fertigstellung hat sich Akerbrygge zum Treffpunkt für Unterhaltung, Gastronomie und Shopping entwickelt.

Das merkt man auch sofort, wenn man freitags, samstags oder an Feiertagen die Spontanidee zu einem dortigen Restaurantbesuch ohne Tischreservierung hat. Man darf sich in eine Schlange von Wartenden einreihen, verflucht seine High Heels beim langen stehen (die Herren sind da eindeutig im Vorteil) und darf nach etlicher Zeit zum Warten an die Bar. Warten aufs Warten sozusagen.

Wer auf ein kostenloses Vergnügen warten möchte, wählt die Promenade. Die Stadt hat hier gemütliche Relaxliegen aufgestellt, auf denen im Sommer und auch bei schönem Wetter im Winter kaum ein Platz zu bekommen ist. Wer einen ergattert, sollte dort eine Weile den Blick auf die gegenüberliegende Festung Akershus und die im Hafen liegenden Boote und Yachten genießen. Oder man nimmt gleich auf den Holzstufen direkt am Wasser Platz, die abends beleuchtet sind und auf denen auch die Osloer gerne sitzen und den Blick auf ihre Stadt genießen.

Geht man weiter nach Süden gelangt man in den Stadtteil **Tjuvholmen**, der jüngste in Oslo. Gelegen auf einer Insel leitet sich sein Name vom norwegischen Wort „tjuv", Dieb und dem norwegischen Wort „holmen", Insel ab. Im 18. Jahrhundert wurden hier Diebe exekutiert. Auch hier hat sich die Werft Akers Mekaniske Versted ab Mitte des 19. Jahrhunderts breit gemacht.

Nach etlichen Besitzerwechseln und künstlicher Vergrößerung des Geländes vertrieb die Stadt den Industriegeruch auch hier. 2005 begann die Kommune das Gelände an private Investoren zu verkaufen als Teil des Projekts städtischer Erneuerung. Das Ergebnis ist einer der futuristischsten Stadtteile Oslos, in dem viel Glas und Holz verbaut wurde. Fertiggestellt erst 2012.

Obwohl Tjuvholmen von mehr als zwanzig Architekten konzipiert wurde, fügen sich die Bauten in einzigartiger Harmonie zusammen. Wer hier

wohnt kann von seiner Terrasse aus direkt auf den Oslofjord schauen.
Aber auch dem Besucher wird dieser Anblick zu Teil.

Am Südzipfel von Tjuvholmen kann man auf den Bootsstegen eine Pause einlegen und die Aussicht auf den Oslofjord genießen. Bei gutem Wetter sollte man von dort den Sonnenuntergang beobachten, wenn die Sonne gleich hinter der Museumshalbinsel Bygdøy versinkt und den ganzen Fjord und die Fassaden von Tjuvholmen in goldenes Licht taucht. Die teils golden verkleideten Fassaden tun ihr Übriges dazu.

Phänomenal ist der Blick vom **Sneak Peak** aus, einem Aussichtsturm, der nicht zu übersehen ist, im Herzen von Tjuvholmen. Mit dem Glasaufzug fährt man für 20kr auf eine Höhe von 54m und überblickt die ganze Stadt.

Geöffnet samstags und sonntags 12-18 Uhr in der Zeit vom 3. Mai bis 27. September

Die Festung Akershus oder ein Reigen von Umbauten

Ebenfalls im Herzen von Oslo liegt die **Festung Akershus**. Mittelalterlich thront das Burggelände auf der gesamten Halbinsel Akersneset direkt am Oslofjord. Mal abgesehen davon, dass man nicht genau weiß wann sie erbaut wurde, könnte man meinen, dass jeder Herrscher nur daran aus- und umgebaut hat, um Autoren etwas zum Schreiben zu geben. Und dabei ist sie so viel mehr als bloßes Bauwerk. Ort für einen Spaziergang, für eine kurze Rast, für einen herrlichen Blick über Oslo.

Erwähnt wurde sie jedenfalls erstmals um 1300. Håkon V., ab 1299 norwegischer König, ist als Initiator wahrscheinlich. Das Geheimnis, ob die Burg nach und nach erbaut wurde oder gleich in einem Rutsch, hat er mit ins Grab genommen. Immerhin haben Schweden und Dänen wiederholt versucht sie einzunehmen – ohne Erfolg. Da sie eine so lange Geschichte hat, sind hier gleich auch alle Jahrhunderte architektonisch vereint. Und für den Museumsliebhaber hält sie auch eine ganze Reihe Museen bereit, teils mit kostenfreiem Eintritt. Will man das Herzstück besichtigen, das **Renaissanceschloss**, um das Christian der IV. (1588-1648) die Burg erweiterte, muss man allerdings 75kr investieren. Das **Hjemmefrontmuseum** (Widerstandsmuseum) kommt dem Geldbeutel mit 50kr Eintritt etwas mehr entgegen und zeigt die Geschichte des norwegischen Widerstands während des zweiten Weltkriegs. Norwegische Militärgeschichte von den Wikingern bis in die Neuzeit gibt es im **Forsvarsmuseet**, dem Militärmuseum zum freien Eintritt.

Das Beste an der Festning Akershus ist aber zu jeder Jahreszeit kostenlos: die Atmosphäre. Im Sommer tragen die Bäume am Aufgang zum Schloss ihr sattes Grün und wölben sich wie ein schützendes Dach, das die Sonnenstrahlen durchblitzen lässt. Im Winter wirkt das Geäst wie ein bizarres Gebilde, wenn der Schnee unter den Schuhen knarrt. Dann möchte man auch der Palastwache, die vor dem Schloss positioniert ist, eine Wärmflasche zustecken, Die schweren Walluniformen trotzen im Winter nur bedingt der Kälte. Vom Wall aus liegt einem Akerbrygge und der Oslofjord zu Füßen. Aufenthalt zum Sonnenuntergang ist Pflicht, wenn der ganze Fjord in goldenes Licht taucht.

In den Sommermonaten legen hier auch die großen Kreuzfahrtschiffe an, so dass man quasi auf Augenhöhe mit den imposanten Giganten ist. Auf dem Rückweg vom Wall kann man auch gleich noch am Karpfenteich einen Zwischenstopp einlegen. Hier können sich müde gelaufene Füße erholen und man sitzt herrlich in mittelalterlicher Atmosphäre und Kastanienbaumbestand. Eine take-away Pizza von Dolly Dimple gleich am Rathaus schmeckt hier im Sommer noch mal so gut.

Gelände geöffnet täglich 6-21 Uhr

Wo der König Hof hält oder ein Park fürs Volk

Das **Königliche Schloss** liegt in einem 22 Hektar großen Park am Ende der Karl Johans Gate und befindet sich in Staatsbesitz. Es wird dem König zu repräsentativen Zwecken zur Verfügung gestellt und gehört mit seinen 173 Räumen zu den eher kleineren Residenzen in Europa. Ja, wirklich.

Als 1814 Norwegen eine Union mit Schweden einging unter der Regentschaft eines gemeinsamen Königs wurde ein königlicher Wohnsitz in der neuen Hauptstadt **Christiania**, das heutige Oslo, notwendig. Zwar hielt sich der König zum größten Teil in Stockholm auf, aber wie das bei königs so ist braucht man auch in der Hauptstadt eine angemessene Unterkunft, vor allem wenn auch die Verfassung vorsieht dort eine gewisse Zeit des Jahres mit Anwesenheit zu beehren.

Das Paléet, größtes Privathaus der Stadt, war jedoch für repräsentative Zwecke ungeeignet. Zu klein, zu wenig prachtvoll. Wie immer eben. Auf Initiative von **König Karl XIV. Johann** (1763–1844), der 1818 König von Schweden und somit auch von Norwegen wurde, genehmigte das Parlament (Storting) 1822 eine Summe von 150.000 Taler zum Neubau einer Schlossanlage, ohne dass ein konkreter Entwurf vorhanden war. Gefährliche Mission.

Der König betraute den Architekten Hans Ditlev Franciscus von Linstow (1787–1851) mit der Konzeption und das Parlament gab seine Zustimmung für einen zweigeschossigen Bau mit H-förmigem Grundriss ohne einen Kostenvoranschlag einzufordern. Was man so gerne heutiger Politik zuschreibt, planen ohne Plan, war auch damals schon ein Thema. Denn diese Vorgehensweise erwies sich bald als Problem, da die Kosten schon bald nach der Grundsteinlegung am 1. Oktober 1825 erheblich aus dem Ruder liefen.

Bereits nach drei Jahren war ein Großteil der veranschlagten Summe verbraucht und zur Fertigstellung wurden weitere 270.000 Taler benötigt. Die Verlautbarung „keine weiteren Mittel" hielt sich ganze sechs Jahre und als der Bau schon vor der Fertigstellung zur Ruine zu werden drohte, ließ sich das Parlament erweichen weitere 90.000

Taler zu genehmigen. Der König musste sich damit begnügen in ein weitaus bescheideneres Zuhause einzuziehen als geplant. Richtfest wurde am 1. Oktober 1836 gefeiert.

Als 1844 Oscar I. (1799–1859) auf den Thron folgte stellte sich schnell heraus, dass der Schlossbau zu klein geraten war. Dass auch das Volk, dass die bescheidene Architektur lautstark kritisierte, mit Mauligkeit allerhand bewegen kann, zeigte sich daran, dass das Parlament daraufhin deutlich größere Spendierhosen trug. Die monumentale Säulenfront wurde hinzugefügt und die Seitenflügel erweitert sowie die vollständige Möblierung abgeschlossen. Am 26. Juli 1849 konnte mit einem Ball für 1.200 Gäste dann endlich Eröffnung gefeiert werden.

Doch erst 1905, als Norwegen die Union mit Schweden auflöste wurde das Schloss ständige Residenz. Das norwegische Volk entschied sich für die Aufrechterhaltung der konstitutionellen Monarchie und Prinz Carl von Dänemark (1872–1957) aus dem Hause Schleswig-Holstein-Sonderburg-Glücksburg bezog als gewählter König Håkon VII. den Palast. 1906/07 erfolgten noch einmal umfangreiche Modernisierungen, die Königswohnung wurde erneuert und sanitäre Anlagen eingebaut. Nun ja die Notwendigkeit dieser Verbesserungen leuchtet wohl ein.

Der seit 1991 amtierende König **Harald V.** wohnte zunächst weiter auf Skaugum, 25 km südwestlich von Oslo, heute Wohnsitz des Kronprinzenpaares, und verlegte seinen ständigen Wohnsitz erst 2001 nach weiteren Modernisierungsmaßnahmen ins Schloss. Dabei geriet ein neuer zu luxuriöser Aufzug zum Stein des öffentlichen Anstoßes, der das Budget für die Renovierung der königlichen Wohnung „unwesentlich" überschritt. Die Folge war die Öffnung der Palasttüren für die Öffentlichkeit. Schnellversöhnung mit dem Volk auf Norwegisch. So ist es heute jedem möglich einen Teil der Innenräume wie das Vogelzimmer, den Spiegelsalon, das Tägliche Speisezimmer, den Kleinen Festsaal, den Großen Ballsaal und das Große Speisezimmer zu besichtigen. Die Investition von 95kr lohnt sich in jedem Fall. Die tägliche Wachablösung um 14:30 Uhr vor dem Schloss ist allerdings „kronenfrei".

Für die Romantiker zählt ein abendlicher Spaziergang zum Schloss zum Pflichtprogramm, dann wenn die Sonne hinter dem Palast untergeht ist das Grün der Wiesen noch satter, die Bäume werfen lange Schatten und die letzten Sonnenstrahlen bahnen sich ihren Weg durch das Blattwerk. Klingt nach Romantik-Overkill. Wer also der Liebsten einen Heiratsantrag machen möchte sollte es hier tun. Alle anderen genießen die abendliche Stille, die über dem Palast liegt, zur Ruhe kommen inklusive. Wer im Winter nach Oslo reist hat in dieser Hinsicht zwar schlechte Karten, aber wenn der Schnee unter den Füßen in der kalten Nachtluft knarrt, hat auch das was absolut für sich.

23. Juni bis 17. August, täglich 11-17 Uhr, freitags 12-17 Uhr, Eintritt 95kr, erm. 85kr, www.kongehuset.no

Die Karl Johan – Straße der Superlative

Blickt man am königlichen Schloss vom Reiterstandbild Karl II. Johans herab, breitet sich „seine" Straße, die **Karl Johans gate** (im Volksmund nur Karl Johan) vor einem aus. Sie reicht mit 1,5 km Länge vom Palast bis zu Oslos Hauptbahnhof und an ihr befinden sich auch eine Reihe weiterer Sehenswürdigkeiten. Obwohl sie bereits in den 1860er Jahren aus zwei unabhängigen zu einer Straße verbunden wurde, ist ihr eine Zweiteilung auch heute noch anzusehen.

Den westlichen Teil vom Schloss bis zum Parlament entwarf der Schlossarchitekt H.D. Linstow gleich mit als er den königlichen Palast konzipierte und dieser Teil wurde auch bereits in den 1830er Jahren errichtet. Als König braucht man

schließlich eine Sichtachse und Paradeavenue. Für letzteren Zweck wird sie auch heute noch zum Beispiel bei Staatsempfängen genutzt.
Herrlich wenn man morgens die Karl Johann, wie sie in Oslo genannt wird, mit dem Auto passieren muss und wieder mal alles abgesperrt ist.

Erst 1852, nach dem Tod von Karl III. Johann, wurde sie von Slotsvej, also Schlossweg, in ihren heuten Namen Karl Johans Gate umbenannt. Am 17. Mai, dem Verfassungstag, blickt man hier in ein Meer von Landesflaggen, ein Erlebnis, dass kein Oslo-Besucher vergisst.

Der östliche Teil zwischen Parlament und Hauptbahnhof lag ursprünglich innerhalb der Stadtmauern und war unter den Namen Østre Gade, Kirkebakken und Kirkestredet klar vom Westteil abgetrennt. Heute ist der Ostteil der Karl Johans Gate Fußgängerzone und die vielen Geschäfte winken mit allem, was das Konsumherz begehrt.

Geht man die Karl Johans Gate vom Schloss aus in Richtung Sentralstajson breitet sich unweit vom Schloss auf der linken Seite die **Osloer Universität** aus, die größte Universität des Landes mit mehr als 30.000 Studenten. Nach langen Diskussionen aufgrund der Befürchtung eine eigene Universität könne die Zugehörigkeit Norwegens zu Dänemark schwächen, gab man erst 1811 dem Drängen nach. Politik scheint bei Standortfragen immer im Spiel zu sein. Den ursprünglichen Plan, die Universität in Kongsberg zu bauen ließ man 1813 fallen und entschied sich für Christiania (Oslo) als Standort. Die Königliche Friedrichs-Universität ging

mit sieben Professoren und 18 Studenten an den Start. Überfüllte Hörsäle gehörten damals noch nicht zum Studentenalltag.

Nachdem sich Norwegen 1814 von Dänemark unabhängig erklärte und die Union mit Schweden einging vergrößerte sich die Zahl von Lehrkräften und Studenten kontinuierlich. 1882 wurde erstmals eine Frau zum Studium zugelassen, die erste Professorin trat 1912 ihren Dienst an, ein Jahr bevor Norwegen das Wahlrecht für Frauen einführte. 1939 in Universität von Oslo umbenannt umfasst sie alle wichtigen Fakultäten und hat bislang vier Nobelpreisträger in den Kategorien Wirtschaft, Chemie und Physik sowie einen Friedensnobelpreisträger hervorgebracht.

Gleich gegenüber liegt das **Nationalteatret** (Nationaltheater) auf dem Platz Studenterlunden. Genau wie am Rathausplatz spielen hier täglich Straßenmusiker zu guter Laune auf. Wunderschön ist die Peacock-Fontäne, an der es sich herrlich Rast einlegen lässt. Das Theater selbst ist ein Entwurf des Architekten Henrik Bull und wurde 1899 eröffnet. Als größtes Sprechtheater Norwegens hat es sich vor allem mit Klassikerinszenierungen über die Grenzen Norwegens hinaus einen Namen gemacht. Zum ständigen Repertoire gehören bis heute regelmäßig Aufführungen von Werken der bekanntesten Autoren Norwegens, **Holberg, Bjørnson und Ibsen**. Statuen aller drei Literaten stehen selbstverständlich um das Theater drapiert.

Das Gebäude selbst wurde nach zahlreichen Standort- und Kostendiskussionen in einer Kombination aus Berliner Klassizismus, Jugendstil und Neorokoko erbaut, aufgrund von Bauproblematik wegen des sumpfigen Geländes zog sich die Bauzeit aber über acht lange Jahre hin.

Dass das Nationaltheater heißt wie es heißt ist etwas Besonderes. Die Tatsache, dass es kein hochnorwegisch gibt, kann ja auch heute noch jeden, der norwegisch lernt, in den Wahnsinn treiben. Einheitliche Rechtschreibung über lange Zeit: Fehlanzeige. Der Schriftzug, der an der Frontseite des Theaters angebracht ist, blieb hinter der Rechtschreibereform von 1917, einer von vielen, zurück. Demnach hätte eine Umtaufe in Nasjonalteatret erfolgen müssen.
Die damalige Theaterleitung entschied sich jedoch den traditionell gewählten Namen beizu-

behalten. Dass Aufführungen in norwegischer Sprache aufgeführt wurden war lange unüblich im von Dänemark beherrschten Norwegen. Erst mit der Eröffnung des Nationaltheaters nahm man sich der norwegischen Literatur an und spielte fortan auf Norwegisch.

Hochnorwegisch? Gibt es nicht!

Jeder, der norwegisch lernt, sieht sich im Land selber mit allen Dialekten konfrontiert, die Norwegen in seiner Sprache zu bieten hat. Ich weiß, wovon ich rede, denn als ich zum ersten Mal nach Norwegen kam war ich mit meinen Vorkenntnissen sehr schnell am Ende. Bis heute gibt es kein Hochnorwegisch. Das ergibt sich aus der Geschichte des Landes. In der Zeit der Zugehörigkeit zu Dänemark war dänisch die Amtssprache aller Städte und größeren Gemeinden.

Auf dem Land überlebten die regionalen norwegischen Dialekte, auch wenn die Schriftsprache fast gänzlich verschwand. Um die „Landsprache" zu konservieren und ihr die Schriftform zurückzugeben sammelte der Dichter und Sprachwissenschaftler Ivar Aasen in den 1850er Jahren Begriffe und Wörter und entwickelte daraus eine neue Sprache, das Landsmål, seit 1885 amtlich anerkannte Schriftsprache und 1929 in **Nynorsk** *umbenannt. Landsmål fand in den Städten jedoch wenig Anerkennung und so leitete der Gymnasiallehrer Knud Knudsen eine umfangreiche Sprachreform ein, indem er vielfach das Dänische norwegisierte.*

Der Versuch das Sprachen- und Rechtschreibechaos zu ordnen. Immerhin entstand daraus Riksmål, 1929 umbenannt in **Bokmål**, *heute maßgebliche Schriftform und vom überwiegenden Teil der Bevölkerung in Gebrauch. Alle Versuche die beiden Sprachen zu vereinen scheiterten. So muss man also weiter damit leben, dass man als Mitteleuropäer sein Ohr in jeder Region wieder an einen anderen Sprachklang anpassen muss.*

Dafür darf man im norwegischen quasi alles so aussprechen wie man will, in irgendeinem Dialekt gibt es die Aussprache schon. Und was wäre es, wenn man nicht ab und zu ob der Dialekte in lustiges Verständigungschaos geriete? Langweilig. Das schafft Kontakte und gute Laune.

Ein paar Meter weiter gelangt man zum **Parlamentsgebäude**. Oslo wäre nicht Oslo wenn es nicht auch bei diesem Bauwerk im Vorfeld lange Diskussionen um einen möglichen Standort gegeben hätte. Endlich fiel 1855 die Entscheidung auf das Grundstück, das von drei Plätzen umgeben ist, so hat auch der überarbeitete Parlamentarier Relax-Möglichkeiten direkt am Arbeitsplatz. **Egertorget**, **Eidsvoll plass** und **Wessels plass** befinden sich direkt am Gebäude. Wer aber vor seinem geistigen Auge nun an große Dimensionen denkt, wird in Oslo schnell feststellen, dass viele Plätze klein und gemütlich sind.

Gemütlich ist überhaupt ein treffendes Wort für die Hauptstadt, denn sie ist kompakt und gechillt.

Dass hier inklusive der Außenbezirke und zugehörigen Gemeinden rund 900.000 Einwohner leben merkt man Oslo nicht an. Überhaupt geht hier alles viel ruhiger zu als in vielen anderen Großstädten außerhalb Norwegens, keine Hektik, kein Gewusel.

Und auch das Parlamentsgebäude strahlt eine gewisse Gediegenheit aus. 1866 wurde der Bau aus mattgelben Backsteinen eingeweiht. Bis 2009 tagte hier nicht nur das Parlament sondern auch das Unterhaus. Links und rechts des Gebäudes wachen Löwen, die von Gulbrand Eriksen Mørstad aus Granit gehauen wurden. Als zum Tode verurteilter Häftling, der in der Festung Akershus einsaß, rettete er sich damit selbst das Leben, denn sein Todesurteil wurde aufgrund seiner Verdienste für die Nationalversammlung 1872 aufgehoben.

Wer samstags noch nichts anderes vorhat, sollte sich eine Führung gönnen. Um 10 und 11:30 Uhr kann man sich durch die heiligen Hallen der Regierung führen lassen, die äußerst prachtvoll geraten sind und in jedem Fall eine Besichtigung wert sind. Die Führungen finden in englischer Sprache statt. Wer sein norwegisch testen möchte nimmt die entsprechende Führung um 13:30 oder 15 Uhr. Da man keine Plätze vorbuchen kann, findet man sich zweckmäßigerweise rechtzeitig am Eingang auf der Akersgata ein, denn wer zuerst kommt mahlt zuerst. Eintritt frei.

Falls zwischendurch die Füße lahmen kann man es sich auf dem **Eidsvoll plass** vor dem Haupteingang auf einer der Bänke gemütlich machen. Vorzugsweise geht man schnell hinüber zur Filiale der Narvesen-Kiosk-Kette, legt 20 Kronen auf die Theke und schlürft seinen Kaffee im Schatten der Bäume, Blick auf die herrliche Blumenbepflanzung rund um den Platz inklusive.

Träumen darf man dort auch von einer Übernachtung im **Grand-Hotel**, das gleich gegenüber liegt. Angesichts der hochherrschaftlichen Zimmerpreise bleibt zwar vielen der Übernachtungsgenuss verwehrt, aber man kann sich auch an der Außenfassade des Hotels, das 1874 erbaut wurde, erfreuen und die mondäne Aura des Hauses in sich aufnehmen. Die Granitfassade und der Glockenturm strahlen im Abendlicht besonders schön. Drinnen traf sich in früheren Zeiten stets die

Boheme der Stadt und noch heute werden hier die jährlichen Friedensnobelpreisträger untergebracht. Wer am 10. Dezember in Oslo ist, dem Tag der Preisverleihung, kann hier abends dem Preisträger zuwinken.

Hatte ich nicht gesagt, die Norweger bevorzugen einheimische Produkte und bauen auch ihre Häuser und öffentlichen Bauwerke aus Materialien, die aus Norwegen kommen? Nicht so bei der **Domkirche**, die ein Stück weiter an der Karl Johann liegt. Der gelbe Ziegelstein wurde aus den Niederlanden ins Land geschafft. Der Grund war in diesem Fall ganz pragmatisch. Er war deutlich preiswerter als roter Ziegelstein aus Norwegen. Wer 2001 die Übertragung der Hochzeit von Kronprinz Haakon und Mette-Marit, deren Hochzeit hier stattfand, verfolgt hat, wird ob der Größe der Domkirke überrascht sein. Kein monumentaler Kathedralenbau, sondern klein und gemütlich. Man möchte sich fragen, wo denn all die gekrönten Häupter während der Zeremonie untergebracht waren.

Entgegen ihres schlichten Äußeren ist die Domkirche innen für ein protestantisches Gotteshaus recht prunkvoll geraten. Viel grün und gold leuchtet dem Besucher entgegen. Wenn die Sonne herein scheint, leuchten die bunten Glasfenster, denn Emanuel Vigeland, der sie 1910 schuf und Szenen aus dem Leben Jesu darauf zeigt, hat an Farben nicht gespart. An der Decke findet sich die Darstellung des Schicksals Jesu, gemalt von Hugo Lous Mohr. Natürlich findet sich auch in der

Domkirche, als protestantischer Hauptkirche der Stadt, das Osloer Wappen, diesmal in besonders intensiven Farben an der Holztür, durch die man in den Innenraum gelangt. Geweiht wurde die Domkirche bereits 1697.

Geöffnet täglich 10-16 Uhr, Straßenbahn 11, 17, 18, Haltestelle Stortorvet

Schließlich kommt man am Ende der Karl Johann am **Jernbanetorget** an, dem Vorplatz des Osloer Hauptbahnhofs. Hier hat sich in den letzten Jahren einiges getan. Oslo baut und gestaltet unermüdlich um. Erst 2014 wurde die **Østbanehallen**, bis dato eher mäßig beliebter Aufenthaltsort, zu einem wahren Food-Store umgebaut. Restaurants, Kaffees, Feinkost und vieles mehr sind hier untergebracht. Die Preise sind zwar Oslo-üblich, aber aufwärmen im Winter und gucken funktioniert auch kostenlos.

Mitten auf dem Jernbanetorget befindet sich eine überdimensionale **Tigerstatue** aus Bronze. Täglich scharen sich Reisegruppen um das Tierchen und fotografieren was das Zeug hält. Aber zwischendrin findet sich für den, der ein Solo-Portrait des Tigers machen möchte, ein lichter Moment. Ihm verdankt Oslo auch den Beinamen Tigerstaden (Tigerstadt). Dynamik auf leisen Pfoten: kein Begriff könnte Oslo besser beschreiben.

In unmittelbarer Nähe des Hauptbahnhofs liegt auch das **Radisson Blu Plaza** Hotel. Man kann es kaum übersehen, denn die blaue Glasfront ragt über alle übrigen Gebäude hinaus. Wenn die Sonne untergeht gesellt sich noch goldenes Licht dazu, also Kamera zücken! Und es hält auch noch ein kostenloses Vergnügen bereit. Die Skybar liegt im 34. Stock und der Ausblick darf auch ohne, dass man etwas bestellt, genossen werden. Entweder fährt man per Außenaufzug aus Glas hoch (die geübte Hausfrau möchte dort allerdings eine Glasscheibenputzorgie anregen) oder man geht gleich in die Lobby des Hotels, begibt sich rechts zu den Aufzügen und drückt im letzten auf der rechten Seite auf die 34.

Hier braucht man auch keine Hotelgastkarte um den Aufzug in Gang zu bringen. Das ganze bitte nach 17 Uhr, denn der Blick über Oslo zeigt sich erst, wenn das Restaurant geöffnet hat.

Oben genießt man einen grandiosen Rundblick über die gesamte Stadt und den Oslofjord, der bei nahezu jedem Wetter atemberaubend ist. Angesichts der einigermaßen moderaten Cocktailpreise kann jeder für sich entscheiden, ob er sein Tagesbudget zu Gunsten eines Longdrinks mit Blick auf die Stadt ein wenig überzieht.

Gleich hinter dem Hauptbahnhof zum Fjord hin liegt eins der modernsten und aufregendsten Gebäude der Stadt. Die **Osloer Oper**. Auch der Nicht-Opernfreund kann sich ihrem Zauber nicht entziehen, ist sie doch viel mehr als eine bloße Aufführungsstätte klassischer Musik.
Sie ist gleichzeitig Ort zum Relaxen, Aussichtspunkt, Designobjekt. Viel gemeckert wurde von den Osloern bevor sie gebaut wurde, doch seit der Eröffnung 2008 haben alle das Gebäude in ihr Herz geschlossen, hat sich mit ihr doch auch ein sozialer Brennpunkt der Stadt in ein modernes Stadtviertel zu verwandeln begonnen.

Gebaut ist sie wie eine Eisscholle, die in den Fjord ragt, das Stararchitektenbüro Snøhetta erntete für den Entwurf Anerkennung weltweit. Man kann bis aufs Dach spazieren, nur bitte nicht als Hansguck-in-die-Luft, es sei denn man möchte alle zwei Meter den weißen Marmor küssen. Die Architekten haben überall Stolperfallen eingebaut, nur die Gletscherspalten fehlen. Im Winter darf man dann noch zusätzlich mit dem rutschigen Untergrund kämpfen, wenn Eis und Schnee den Stein bedecken.

Vom Dach aus hat man einen herrlichen Rundblick auf den Ostteil des Oslofjords, die Festung Akershus und das dominante rosa Verlagsgebäude des „Dagbladet". Geradezu traumhaft ist der Blick, wenn man sich hier zum Sonnenuntergang einfindet. Im Winter taucht sie den vereisten Fjord in violett und rosa, im Sommer strahlt er gelb und orange, wenn die Sonne hinter Akerbrygge versinkt.

Am Fuße der Oper, wo sie direkt in den Oslofjord ragt, kann man an heißen Tagen die Füße ins kühle Wasser halten, sich den Wind um die Nase wehen lassen und einen Kvikk Lunsj genießen, den beliebtesten Schokoriegel Norwegens, der

an jedem Kiosk zu haben ist. Und von innen sollte man das Opernhaus unbedingt auch anschauen. Viel Glas, viel Holz in moderner Harmonie. Die wabenartige Wandverkleidung und selbst die Toiletten lassen einen die Kamera zücken. Wer ein Auge für Motive hat, findet an jeder Ecke der Oper einen neuen Grund um auf den Auslöser zu drücken.

Foyer geöffnet Mo-Fr 10-23 Uhr, Sa 11-23 Uhr, So 12-22 Uhr

Vom Dach der Oper schaut man zur Nordseite auf den **„Barcode"**, eine Reihe moderner Hochhäuser mit schmaler Front, eng aneinander gebaut. Wie ein Barcode eben. Nur mit schauen sollte man sich aber nicht begnügen, sondern auch den kurzen Fußweg hinüber gehen. Bei jedem der Gebäude haben sich die Architekten etwas einfallen lassen und es erübrigt sich zu sagen, dass auch hier viel Glas verbaut wurde. Der Barcode strahlt in blau, schwarz und weiß und kontinuierlich kommen neue Gebäude hinzu. Die Baustelle, die das ganze Gelände umgibt, denkt man sich einfach weg, ist sie doch Zeichen für die Dynamik der Stadt.

Überhaupt lernt man in Oslo ziemlich schnell, dass Kräne einfach zum Stadtbild gehören, so dass man sie fast schon zu den Sehenswürdigkeiten zählen kann. Geht man durch die Mittelflucht des Barcode hindurch gelangt man zur Brücke, die über die Gleisanlagen des Hauptbahnhofs führt. Dreht man sich an deren Ende um thront der Barcode über den Köpfen der Passanten und zeigt hier sein volles futuristisches Panorama. Bei blauem Himmel noch blauer als sonst.

Es grünt so grün oder Parkalarm

Oslo ist die Stadt der Parks. Durch die ganze Stadt ziehen sich Grünanlagen, die auch die Osloer mit Vorliebe für Spaziergänge und im Sommer auch zum Relaxen nutzen. Allen voran der **Vigelandpark**.

Im Grunde ist er ein Teil des **Frognerparks** im gleichnamigen Stadtviertel und zieht jährlich eine Million Besucher an. Auf dem Parkplatz vor dem Haupteingang stapeln sich gelegentlich die Touristenbusse. Die 212 Skulpturen aus Bronze, Granit und Schmiedeeisen, wirken jedoch wie ein Magnet auf die Besucher – und das zu Recht. Der Bildhauer **Gustav Vigeland** (1869-1943) konzipierte das Gesamtkunstwerk 1924-25, doch es sollte noch vierzehn Jahre dauern bis er gemeinsam mit drei Steinmetzen die Umsetzung vollendete. Die Pläne des Bildhauers sahen vor die Skulpturen an einer 850m langen Achse aufzustellen.

Heraus kam ein Gesamtkunstwerk, das zu den bekanntesten Skulpturensammlungen Nordeuropas gehört und sich in fünf Einheiten gliedert. Durch das Hauptor betritt man den Park und schlendert dann an einer der größten Rosenanlagen Norwegens vorbei, danach gelangt man zur großen Brücke, auf der zahlreiche Bronzeskulpturen den Weg säumen. Hier befindet sich auch **Sinnataggen**, „der kleine wütende Junge", der zu den beliebtesten Fotomotiven gehört. Wer schon einmal versucht hat zur Hochsaison ein Foto des Kleinen ohne touristischen Anhang aufzunehmen, weiß wovon ich rede.

Weiter gelangt man zum Bronzebrunnen, der den Kreislauf des Lebens zeigt. Gustav Vigeland verrät mit einem Augenzwinkern, was man mit seinem Nachwuchs so alles erlebt. Nachwuchswillige also aufgepasst. Von der Fontäne geht man weiter zur Hauptattraktion der Sammlung, dem Monolithen. 121 menschliche Figuren aller Altersgruppen vereint. Gustav Vigeland bestellte den dafür notwendigen Granitblock übrigens auf eigene Kosten, da er fest an die Umsetzung des Skulpturenparks glaubte, obwohl er in der Planungsphase mit einigen Schwierigkeiten zu kämpfen hatte. Seine Sturheit und sein Aktionismus bescherten ihm jedoch, dass er mit der Ausgestaltung des Parks betraut wurde. „Steter Tropfen hölt den Stein" gilt hier somit sprichwörtlich. Als Gegenleistung dafür, dass der Magistrat von Oslo die Rechte an den Skulpturen erhielt, wurde dem Bildhauer die Übernahme seines Lebensunterhaltes zugestanden.

Der **Monolith** ist zusätzlich umgeben von 36 Menschengruppen aus Granit, die den Menschen in allen Facetten generationenübergreifend zeigen. Daran anschließend blickt man auf das Lebensrad.

Da der Vigelandpark rund um die Uhr ganzjährig geöffnet ist sollte man ihn abseits der Touristenanstürme genießen: frühmorgens oder am Abend.

Dann ist es ruhig im Park, der Morgentau hängt in den Wiesen und hier und da begegnet man den Osloern hier beim morgendlichen Lauftraining. Im Herbst wirft sich der Park in sein buntes Laubfarbengewand und über den Wasserflächen hängt kühl aufsteigender Nebel. Es riecht nach Erde und ein Spaziergang auf den umliegenden Wegen ist wie ein kleiner Erholungsurlaub. Bei den zahlreichen Entenscharen sollte man nicht mit Futter rascheln, es sei denn man will sich durch den restlichen Park mit schnatterndem Entenanhang bewegen.

Für die Romantiker gibt es einen Zaun gleich unterhalb der Skulpturenbrücke, an dem man sein persönliches Liebesschloss anbringen kann. Wer sich im Vigelandpark am Abend aufhält und gen

Osten blickt, kann den ganzen Zauber Oslos in sich aufnehmen. Denn dann spiegelt sich die untergehende Sonne in den Häusern an den Osthängen der Stadt und erzeugt ein magisches Licht. Im Westen liegt die Skisprungschanze Holmenkollen im Schatten des Sonnenuntergangs. Picknick-Korb mitnehmen! Wer keinen hat hilft sich mit einer Stulle in der Tüte. Das Rundum-Oslo-Wohlgefühl ist dasselbe.

Ganzjährig rund um die Uhr geöffnet, Straßenbahn 12, Haltestelle Vigelandsparken

Ein weiteres Highlight unter den Osloer Parks ist definitiv der **Ekeperg-Park** im Osten der Stadt, der sich hinter der Oper erhebt. Mit der Trikk kann man sich gemütlich bis vor den Aufgang des Ekeberg-Restaurants fahren lassen. Auch wenn es von der Stadtmitte nur ein paar Haltestellen bis dorthin sind, ist es im Winter zuweilen sehr angenehm sich in den gut beheizten Trikks kurz aufzuwärmen. Am Ekebergpark angekommen hat man rechts auch gleich den Blick auf das stattliche Gebäude der Seemannsschule (Sjømannsskolen), erbaut 1917.

Den kurzen Fußweg hinauf zum Restaurant kann man sich bereits an Kunst erfreuen. Von traditionell bis modern sind hier Skulpturen und Installationen aufgestellt, ein großes Freilichtmuseum sozusagen. Am Restaurant gibt es einen Aussichtspunkt, der sich in nahezu jedem Wetter und zu jeder Jahreszeit lohnt, denn man blickt auf die Oper, den Barcode und einen Teil des Oslofjords.

Und natürlich auch auf alle Baustellen. Und auch bei diesem Anblick spürt man förmlich wie Oslo sich ins Zeug legt für den Besucher ein noch moderneres, noch dynamischeres Kleid anzulegen.

Im Winter vergisst man aufgrund des Anblicks sogar den eiskalten Fjordwind, der einem dort oben unweigerlich ums Gesicht pfeift. Weiter geht es auf zahlreichen Spazierwegen bis zum höchsten Punkt des Parks. Ja, Oslo wurde in punkto Aussichtspunkte der Stadt von der Natur wirklich geküsst. Oben angekommen kann man sich dem spektakulären Blick über den Oslofjord hingeben. Und auch wenn böse Zungen vielleicht sagen, dass der Fjord doch immer derselbe ist, von welchem Aussichtspunkt auch immer man ihn betrachtet. Aber der Blick ist doch immer wieder ein Quäntchen anders, das Wetter ein bisschen sonniger, die Wolken ein wenig strukturierter.

Kurzum: am Blick auf den Oslofjord kann man sich nur schwer satt sehen.
Im Sommer kommt noch das schattige Grün der Bäume hinzu und keinen kann es wundern, dass Edvard Munch hier die Inspiration zu seiner Gemälde-Serie „Der Schrei" fand. Schreien möchte man hier wirklich, vor Entzückung.

Straßenbahn 18, 19, Haltestelle Ekebergparken

Wer von Parks noch nicht genug hat, kann auch auf einen Sprung zum Park **St. Hanshaugen** im gleichnamigen Stadtviertel fahren. Der Park ist klein, aber fein und wie sollte es anders sein bietet er den Ausblick über den Oslofjord. Ja schon wieder. Am höchsten Punkt thront das Tårnhuset, ein Turmhaus im Stil der Neorenaissance.

Im Winter ist der Weg dorthin mitunter ein besonderer Spaß. Wenn die Wege vereist sind bewegt man sich mit rudernden Armen und dem Gedanken „Bloß nicht die Kamera fallen lassen" zur allgemeinen Belustigung den Hügel hinauf. Die Gruppen sportlicher Norweger, die sich mit athletischer Leichtigkeit durch das Gelände bewegen, ignoriert man. Dafür wird man oben mit dem Blick über Oslo belohnt. Und im Winter mehr als im Sommer, da das Blattwerk nicht ganz so die Sicht versperrt. Im Sommer kann man sich dafür auf einer der Bänke niederlassen und in den Sonnenuntergang hinein schauen, besonders wenn das typische Oslo-Sonne-Wolken-Mix Szenario am Himmel steht und der Himmel Farbfestival feiert.

Zusätzlich gibt es zur Mittsommernachtszeit ein kostenloses Konzert- und Veranstaltungsprogram und vom 1. Mai bis 1. September ist das Open Air Café **St. Hanshaugen Parkservering** geöffnet. Hier sitzt man unter freiem Himmel und kann nebenbei noch einen Blick auf die Häuserfronten aus der Mitte des 19. Jahrhunderts werfen, die den Park umgeben. Kein Wunder, dass der Park St. Hanshaugen seit 1890 zu den beliebtesten der Stadt gehört.

Bus 21, 37, 46, Haltestelle St. Hanshaugen

Im Herzen des Stadtteils Grünerløkka, erreichbar vom Hauptbahnhof mit dem Bus in wenigen Minuten, liegt der **Sofienbergpark**. Diesmal ohne Blick über den Oslofjord, dafür aber mit der Möglichkeit das Freizeitverhalten der Osloer eingehend zu studieren. Kinder sind ja in Norwegen ein großes Thema und wann immer man durch Oslo schlendert trifft man auf Erzieherinnen, die mit den Kleinen die Stadt erkunden, alle hübsch in Neonwesten verpackt, damit man sie nicht übersieht und die Erzieherinnen die schnatternde Schar zusammen halten können. Im Sofienbergpark hat die Stadt einen riesigen Spielplatz angelegt und die strahlenden Kinderaugen mit ihren Müttern färben unweigerlich auf den Besucher ab. Gemütlich machen kann man es sich hier auch auf den Rasenflächen und unter dem herrlich alten Baumbestand. Den Besuch der **Paulus-Kirche**, erbaut 1877, im Zentrum des Parks muss man sich bis Ende 2016 verkneifen, da sie wegen Renovierungsarbeiten geschlossen ist.

Bus 31, Haltestelle Sofienberg

Ein Fluß, vier Jahreszeiten – wo die Erholung inmitten der Stadt wohnt

Wenn man sich schon einmal im Stadtteil Grünerløkka aufhält, lohnt sich auch hier ein weiteres Highlight, das zu absolut jeder Jahreszeit das Besucherherz erfreut: **Die Akerselva**. Von Kurzspaziergang bis halbtägiger Wanderung ist hier alles drin. Ausgangspunkte um ans Ufer zu gelangen gibt es mehrere. Wer eher den kürzeren Marsch bevorzugt, kann wo er mag an einer der zahlreichen Aufgänge wieder zurück in den Stadtalltag. Ich persönlich finde man sollte sich gleich das Gesamtvergnügen geben.

Dazu fährt man am besten gleich raus zum **Maridalsvannet**. Der riesige See nördlich von Oslo speist die Akerselva und man darf sich auf 9 km Natur und eine Wanderung voller Gegensätze freuen. Wer durchmarschiert kommt nach ca 2,5 Stunden im Vaterlandsparken unmittelbar in der Nähe des Hauptbahnhofs an, wer zwischendurch eine Pause braucht hat alle zehn Meter eine Parkbank zur Verfügung. Wenn man am Maridalsvannet gestartet ist vergisst man spätestens nach zwei Minuten, dass man sich in einer Großstadt befindet, denn man erhält gleich eine Portion Naturidylle. Der **Nydaldamm** staut den Fluss zu einem kleinen Badesee auf, an dem man im Sommer nicht nur herrlich relaxen, sondern auch den Bibern beim Bau ihrer Dämme zusehen kann.

Frühmorgens oder am Abend ist die Chance am größten. Das ganze gekrönt vom Wasser, dass sich den Damm hinunterstürzt.

Wasserfälle gibt es auf dem Weg gleich mehrere und an jedem sollte man einen Moment stehenbleiben. Gelegentlich ist das Wechseln der Fluss-Seite hilfreich, damit man nicht wieder ein Stück über die Straße gehen muss. Am oberen Wasserfall gehört **Hønse-Lovisas Hus** zum Pflichtprogramm. Das kleine rote Holzhaus ist nicht zu übersehen und lässt das Herz höher schlagen. Man ist geneigt zu fragen, ob man es nicht gleich kaufen kann, weil es so eine gemütliche und liebevolle Atmosphäre hat. Für Fans von süßen Sachen hält es die köstlichsten Waffeln der Stadt bereit. In Anbetracht dessen, dass man auch gleich sitzt wie im Paradies, lohnt sich eine kleine Budget-Überschreitung. Oder man nimmt die Waffel, die mit Rahm und Marmelade garniert ist, als Mittags-Snack und der Geldbeutel ist wieder im Lot. Da in Norwegen keine Süßigkeit beliebter ist als die Waffel, sollte man es den Norwegern unbedingt gleich tun.

Wenn man wieder aufbricht, naht der industrielle Teil der Akerselva. Industrie meint hier aber keine stinkenden Fabriken, sondern einen Querschnitt durch die stillgelegte Industrie Oslos vergangener Tage. Geschichte zum Anfassen sozusagen. Heute sind in den ehemaligen Fabriken Museen, Studentenwohnungen und Kunsthandwerk untergebracht, teils skurril bemalt mit viel Flair. Wo das Flussbett eng und heimelig ist hängen die Äste der Bäume weit in den Fluss hinein, Romantikstimmung inklusive. Ist das Flussbett weitläufig findet sich fast immer an einer Uferseite Parklandschaft mit viel grün. Wer im Winter nach Oslo reist genießt die teils vereiste Flusslandschaft und die Schneeskulpturen, die Wind und Wetter in die Landschaft zaubern. Das winterlich kalte Licht taucht die Flußufer dann in Blau- und Rosatöne.

Stadtviertelschlendereien oder viel Oslo für wenig Geld

Frognerfreuden

Frogner, das Stadtviertel gleich am Vigelandpark lohnt immer einen Spaziergang. Das Viertel war ursprünglich ein Hof in der Kommune Aker, gelegen im **Fognerpark**. Er gehörte reichen Familien wie Anker und Wegner. Bernt Anker galt um 1790 als reichster Mann der Stadt und als einer der reichsten Norweger. Er baute das Gut zu seinem Landsitz aus und erweiterte es um mehrere Anbauten. Bereits seit 1909 ist in einem Teil des Gebäudes das Osloer Stadtmuseum beheimatet. Die Kommune kaufte es 1910.

Als Oslo, damals noch Christiania, sich immer weiter ausdehnte, wurde Frogner eingemeindet. Das Übliche. Heute befinden sich dort einige der schönsten Straßenzeilen Oslos aus dem Ende des 19. und Beginn des 20. Jahrhunderts. Zahlreiche der dortigen Villen wurden von Botschaften und Landesvertretungen bezogen. Das Stadtviertel ist so groß, dass eine Vielzahl von Rundgängen möglich ist. Also gleich die Füße mental darauf vorbereiten, dass Arbeit im Programm ist. Vom Frogner Plass am südlichen Ende des Frognerparks kann man durch den südlichen Teil des Stadtviertels bis zum Königlichen Palast schlendern. Einfach den Straßenbahnschienen folgen und rechts in die Nordraaks Gate abbiegen, wo sich gleich die volle Pracht der Architektur breit

macht. Auf dem Gimleveien spaziert man weiter bis zur Frognerkirche, erbaut im spätnormannischen Stil von Ivar Næss. Wie zahlreiche Kirchen in Oslo ist auch sie direkt zwischen die Apartmenthäuser eingelassen.

Im Winter rutscht es sich hier herrlich auf den Bürgersteigen, aber die farbenfrohen Fassaden machen Schnee und trübes Licht wett. Im Sommer gesellt sich noch das grün der Bäume hinzu. Kein Wunder, dass sich Frogner wieder zum trendigen Wohnviertel entwickelt hat. Altbauwohnen im Herzen der Stadt.
Weiter geht es über die Bygdøy allé, Niels Juels gate und Colbjørnsens gate, auf die man nach rechts einbiegt Richtung Schlosspark. Die Botschaften von Cuba, Estland und Chile liegen hier in unmittelbarer Nähe. Der Spaziergang endet

schließlich am königlichen Palast, in dessen Park man gleich eine Verschnaufpause einlegen kann.

Wer auf einen längeren Spaziergang aus ist, kann vom Frognerpark aus jedoch auch den nördlichen Teil des Stadtviertels besichtigen. Hier führt der Weg vom Haupttor des Frognerparks Richtung Norden vorbei am Frognerstadion und weiter über Majorstuen. An der T-Bane Station Majorstuen biegt man rechts in den Bogstadtveien, der in den Hegdehaugsveien übergeht und Einkaufsstraße des Viertels ist. Die marokkanische, niederländische, portugiesische und deutsche Botschaft liegen in der Nähe. Der Spaziergang endet an der nördlichen Seite des Schlossparks. Rauchende Füße vom Laufen, rauchender Kopf von Straßennamen. Glückliches Gemüt von Altbau-Architektur.

Kvadraturen oder schön und hässlich geht auch nebeneinander

Obwohl sich das Zentrum von Oslo schon lange nach Westen verlagert hat, ist der Stadtteil **Kvadraturen** historischer Mittelpunkt. Gleich an der Festung Akershus liegt der **Christiania Torv** mit dem historischen Rathaus von Oslo. Man muss zweimal hinschauen bis man realisiert, dass das kleine rote **Gamle Rådhus** einmal die Belange von Oslo regierte. Gleich gegenüber steht das älteste Haus des früheren Christiania, seit 1626 war hier Verschiedenes untergebracht, unter anderem das Spital der Garnison und die Universitätsbibliothek.

Da der Legende nach König Christian nach dem Stadtbrand von 1624 auf diese Stelle zeigte um Oslo neu aufzubauen hat man konsequenterweise auch gleich einen Brunnen mit zeigender Hand auf den Platz gebaut. Das Stadtviertel selbst trägt seinen Namen nicht von ungefähr, die Straßen sind rechtwinklig angeordnet. Die Geschichte von Kvadraturen beginnt mit ein- und zweigeschossigen Gebäuden, aber wie es in aufblühenden Städten ist, stiegen im 19. Jahrhundert die Grundstückpreise so stark an, dass man kurzerhand alles abriss und stattdessen höhere Geschäftshäuser baute. Da aber nicht nur in diesem Teil der Stadt gebaut wurde, quittierten die Osloer das, indem sie Kvadraturen den Rücken kehrten.

Übrig blieb ein reines Handelszentrum, bis heute. Die alten Handelshäuser sind immer noch prachtvoll anzuschauen und wenn man durch das Viertel spaziert und gerade in den schönen Häuserfassaden schwelgt wird man jäh herausgerissen durch einige der hässlichsten Betonbauten, die Oslo zu bieten hat. Die Kombination „hässlich" gleich neben „schön" zu stellen hat Oslo einige Zeit in Perfektion betrieben. Mittlerweile ist die Stadt sehr darauf bedacht diese baulichen Todsünden wo es geht zu korrigieren. Hauptverkehrsstraßen wurden zwischenzeitlich unter die Erde verlegt und auch das ein oder andere Grauen aus Stein wurde abgerissen. In Kvadraturen wird man vorerst mit dem baulichen Kontrast leben müssen.

Grünerløkka oder das Ny York von Oslo

Der Stadtteil **Grünerløkka** drapiert sich um den Fluss Akerselva. Als er 1858 eingemeindet wurde

konnte die Stadt gar nicht so schnell zusehen wie er sich vergrößerte. Der Name Ny York war geboren. Heute wohnen hier viele junge Leute und Künstler und genau das macht den Charme des Viertel aus. Am besten bewegt man sich zwischen **Olaf Ryess plass** und dem kleinen Park **Birkelunden**, alles eingerahmt von meist sanierten Häuserzeilen der Gründerzeit, kleine Cafés, kurz: rundum trendy. Sonntags findet im Park Birkelunden ein Flohmarkt statt. Hier kann man echte Schnäppchen aus den 1960er und 1970er Jahren ergattern, nur bitte nicht die Kofferkapazität für die Heimreise vergessen.

Straßenbahn 11, 12, 13, Haltestelle Olaf Ryess plass, Flohmarkt Birkelunden in den Sommermonaten sonntags 12-20 Uhr

Grønland

Wer nach multi-kulti sucht, der kommt in diesem Stadtteil voll auf seine Kosten. Und die Geschichte von **Grønland** ist bewegt. Ursprünglich kam es als Strandausläufer des Flusses Akerselva sehr idyllisch daher. Aber kaum waren die ersten Straßen gebaut, zog auch gleich Prostitution und Kriminalität hinterher und verpasste dem Viertel das Image, dass man sich dort lieber nicht aufhalten soll. Da half auch keine bauliche Zwangsmaßnahme Grønland neu zu strukturieren.
Die Einwohner waren arm und wer Geld besaß wanderte in andere Viertel ab. Übrig blieb ein verfallener Stadtteil, aber mit immerhin niedrigen Mieten.

Die niedrigen Mieten nahmen in den 1970er Jahren die Gastarbeiter zum Anlass sich hier nieder zu lassen. Und siehe da: wächst ein Stadtviertel in der Gunst der Einwohner ist auch plötzlich die Stadt wieder interessiert. In diesem Fall mit dem etwas wahnwitzigen Plan alles abzureißen und einen Wald aus Wolkenkratzern zu errichten. Die Osloer sind sehr dankbar, dass dieses Projekt wieder eingestampft wurde. Das hässliche Postgirobygget, das einzig überlebende Gebäude des

Viertel-Umgestaltungsversuchs, kann man heute leider nicht mehr wegzaubern. Also bloß keinen Osloer darauf ansprechen.

Gott sei Dank hat sich der heruntergekommene Charakter von Grønland heute weitestgehend verabschiedet. Im Gegenteil: das Viertel ist zu einem bunten Mix aus Exotik und norwegischer Kultur herangewachsen. Hier isst man asiatisch in allen Variationen, kauft Gewürze aus aller Herren Länder, aber auch norwegische Produkte.

T-Bane 2, 3, 4, 5, 6, Haltestelle Grønland

Gamlebyen

Von Grønland aus kann man sich gleich in den sich anschließenden Stadtteil **Gamlebyen** begeben und hier tut es sich vor einem auf – das wirklich alte und ursprüngliche Stadtzentrum Oslos. Am besten man beginnt am **St. Halvards plass**. Hier kann man im Minneparken gleich die Ruinen des **Olavsklosters**, der Kreuzkirche und der **Hallvardskathedrale** besichtigen. Von der alten Pracht ist allerdings nicht mehr viel übrig. Um 1100 war sie jedoch die zweitgrößte Kirche Norwegens. Läuft man die Oslo gate entlang und biegt dann in den **Middelalderparken** gibt es noch eine weitere Portion Mittelalterliches. Nebenbei hat man noch einen tollen Blick auf den Barcode. Kirche und Grabstätte der mittelalterlichen Könige sind immer noch hier beheimatet. Dass das Stadtviertel immerhin mehr als tausend Jahre alt und bis zum Stadtbrand 1624 das wesentliche Stadtgebiet war muss man mit viel Phantasie kompensieren. Wo man hinschaut sind die Ruinen von Autobahn und Gleisanlagen umzingelt. Aber die Hoffnung stirbt ja bekanntlich zuletzt. Die Stadt bemüht sich seit dem Jahr 2000 sehr den Geist von Alt-Oslo wieder aufleben zu lassen.

Straßenbahn 18, 19, Bus 70, Haltestelle St. Halvards plass

Pipervika

Wie bei so einigen Stadtvierteln leitet sich auch bei **Pipervika** der Name unmittelbar aus Oslos Geschichte ab. Diesmal sind es die Piper, die Militärmusiker, die dem Stadtteil die Bezeichnung Pieperbucht bescherten. Ärmlich war das Viertel damals. Gleich nebenan, in Vika, wohnte der Reichtum. Was das Weglassen einer Silbe bewirken kann.

Von den hochherrschaftlichen Bauten ist allerdings nur eins geblieben: die **Victoria terasse**. Alles andere hat die Stadt kurzerhand in den 1960er Jahren abgerissen. Wer möchte auch schon alte Prachtbauten, wo man doch hässliche Verwaltungskästen hinstellen kann. Immerhin hat das Gebäude am Ruseløkkveien überlebt. Ab Fertigstellung Ende des 19. Jahrhunderts in einem bunten Mix aus Neorenaissance und Neogotik wohnten hier die Reichen der Stadt. Obwohl der untere Bereich der Victoria Terasse mittlerweile umgestaltet ist, hat das Gebäude bis heute nichts von seiner Pracht eingebüßt.

Bygdøy oder wo Kultur Natur küsst

Die Halbinsel **Bygdøy** im Westen der Stadt ist ein ganz besonderes Schätzchen. Nicht nur weil es sich dort herrlich erholen lässt, sondern weil sich dort auch einige der schönsten Museen der Stadt befinden. Die Eintrittspreise sind zwar schwer mit dem Tagesbudget von 250kr zu vereinen, aber ich persönlich finde, mindestens eins sollte trotzdem drin sein. Kompensieren kann man ja durchaus an den Tagen, an denen man die kostenlosen Angebote nutzt. Nach Bygdøy gelangt man im Sommer mit einer kurzen Fährfahrt gleich vom Rathaus aus und wer schnell ist ergattert einen der Plätze auf dem Oberdeck und lässt sich den Fjordwind im Schatten der norwegischen Flagge um die Nase wehen. Im Winter nimmt man den Bus, der ebenfalls gleich am Rathaus abfährt. Aber auch wer Museen nichts abgewinnen kann ist auf Bygdøy richtig und macht es wie die Osloer. Naherholung.

Am Westufer der Halbinsel winkt die **Paradisbukta** (Paradiesbucht) mit Sandstrand, am Südende die kleine Bucht **Huk**, wo auch die Buslinie endet. Bevor man die Füße in den Fjord hält kann man sich auf Wanderwegen austoben. Glücklicherweise hat sich der Fluglärm mittlerweile nach Gardermoen verabschiedet und der alte Flughafen Fornebu in unmittelbarer Nähe wird nicht mehr genutzt. Gut für die Erholung.

Unübersehbar wohnt auf Bygdøy der gut situierte Osloer, wer ein Fan von skandinavischen Villen ist, die herrschaftlich weiß in den Gärten liegen, ist hier genau richtig. Sehnsuchtsfaktor zehn!

Fähre 91 bis Bygdøynes April bis Oktober, Bus 30, Haltestelle Bygdøynes (für Museumsbesucher), Haltestelle Huk (für Strand- und Wanderaufenthalt)

Museen zum kleinen Preis

Nationalgalerie

Die **Nationalgalerie** ist das, wonach sie klingt, nämlich Norwegens größte Sammlung nationaler und internationaler Kunst und zeigt einen Querschnitt von der Antike bis heute. Und wer versessen ist **Edvard Munchs** berühmtestes Gemälde, den **Schrei**, zu sehen, kann das hier tun – für einen moderaten Eintritt von 50kr und am Sonntag sogar kostenlos. Ich persönlich finde ja sogar die Ölversion, die hier hängt, die schönste. Man sollte meinen der Wachmann in diesem Raum hat den besten Job überhaupt, da er den ganzen Tag in sich hinein schmunzeln kann wie sich die Touristen in „Schrei"-Pose werfen.
Da das Museum eine gemütliche Bank in der Mitte des Raumes aufgestellt hat, kann man es dem Wärter gleich tun. Am besten man zieht eine Sonnenbrille auf, dann muss man nur das schmunzeln unterdrücken und die Lachtränen sieht niemand.

Neben Munchs Werken hält die Nationalgalerie aber noch eine ganze Menge weiterer Kunstwerke bereit. Lucas Cranach, Cézanne, Picasso, Manet, Monet, van Gogh und Gaugin, die Nationalgalerie ist ein Reigen großer Namen. Seit 1882 ist sie im Gebäude gleich hinter der Universität beheimatet, kann aber nicht annähernd die Gesamtheit der vorhandenen Werke ausstellen.

Sie alle warten auf den Neubau, der bis 2019 in unmittelbarer Nähe des Nobelpreiscenters gebaut wird. Bis dahin lässt man sich auf dem

Rundgang der alten Nationalgalerie treiben und beginnt in der Antike. Jahrhundert für Jahrhundert durchlebt man die einzelnen Epochen, stets mit dem Blick auf Norwegens Kunst im Speziellen, und endet in der Neuzeit. Noch mehr Kunst gibt es im Erdgeschoss im Wechselausstellungsbereich. Hier werden regelmäßig skandinavische und internationale Künstler präsentiert.

Straßenbahn 11, 17, 18, Haltestelle Tullinløkka, geöffnet Di-Fr 10-18 Uhr, Sa/So 11-17 Uhr, Eintritt 50kr, sonntags Eintritt frei

Osloer Stadtmuseum

Das **Osloer Stadtmuseum (Bymuseet)** befindet sich auf dem Gelände des Frognerparks in einem alten Herrenhaus, das einst den reichsten der Stadt als Sommerresidenz diente. Schon der Innenhof ist sehr heimelig, rund herum mit eher unnorwegischem Fachwerk ausgestattet. Oslos über 1000-jährige Stadtgeschichte wurde in Dokumenten und Alltagsgegenständen in Szenen aus dem Leben inszeniert. Zu sehen gibt es darüber hinaus eine Sammlung von Gemälden und Modellen der Stadt.

Um auch die Osloer mit ihrer Stadt zu beschäftigen veranstaltet das Museum regelmäßig Rundgänge durch Oslo. „Kjenn din by", also „Kenne Deine Stadt" ist hier Programm.
Nicht nur wenn man in der Stadt lebt, kann man sie so neu entdecken, sondern auch der Besu-

cher gelangt so mitunter zu einem völlig neuen Oslo-Erlebnis. Das Programm wird regelmäßig auf der Homepage des Museums veröffentlicht.

www.oslomuseum.no, geöffnet täglich 11-16 Uhr, Eintritt frei, Stadtrundgänge kostenfrei

Botanischer Garten und Zoologisches Museum

Grüne Oasen hat Oslo ja reichlich, der **Botanische Garten** toppt das grün seit 1814 um ein Meer von Blumen. Zweifelsohne ist der Sommerbesuch hier Favorit, denn dann sind die 8.500 Pflanzenarten mit 35.000 Pflanzen im Farbfestival. Wer Inspiration für den Kauf seines nächsten Parfums möchte, riecht sich im Duftgarten von Pflan-

ze zu Pflanze. Kräuter, die in Norwegen ja ein besonderes Thema sind, finden sich im Kräutergarten und in Urgroßmutters Zeiten taucht man gewächsmäßig im Oldemorshage ein. Die Gebirgspflanzen dürfen natürlich nicht fehlen und haben im Gebirgsgarten ihren Platz.
Am Wochenende erfreuen sich auch die Osloer an der bunten Pflanzenwelt. Wahrscheinlich ist es kein Zufall, dass der Botanische Garten auch gleich im Stadtteil Tøyen liegt, was so viel bedeutet wie „Gedüngter Boden". Das gesamte Areal gehörte früher zum Herrenhaus Tøyen. Der Eintritt dort ist der Öffentlichkeit verwehrt, aber auch von außen ist es herrlich anzuschauen, skandinavisch herrschaftlich.

Und wenn man schon einmal in die Natur eintaucht, kann man sich auch gleich in die Tierwelt begeben. Praktischerweise liegt die gleich mit auf dem Gelände des Botanischen Gartens im **Naturhistorischen und Zoologischen Museum**. Hier begibt man sich auf eine Reise durch die präparierte Tierwelt aller Kontinente, liebevoll arrangiert. Im Museumsbereich wohnt auch „Ida", das älteste je gefundene Affenskelett.

Botanischer Garten geöffnet täglich 7-21 Uhr, Gewächshäuser Di-So 11-16 Uhr, Eintritt frei, Naturhistorisches und Zoologisches Museum, geöffnet Di-So 11-16 Uhr, Eintritt 50kr, erm. 25kr

Museumstour für Budgetbrecher

Das vorrangige Ziel dieses Reiseführers ist ja auch mit kleinem Budget eine Menge zu sehen. Sofern Museen nicht durch besonders günstigen Eintritt glänzen oder einen Tag in der Woche sogar freien Eintritt haben, lässt sich natürlich bei denen, die diesen Sonderstatus nicht anbieten, über die Eintrittspreise nicht diskutieren. Da einige der Museen trotz der höheren Kosten aber großartige Ausstellungen bieten, sollen einige hier doch aufgenommen sein.

Fram – Museum

In Bezug auf das Fram-Museum könnte man zunächst meinen: Roald Amundsens Schiff, ist das ein ganzes Museum wert? Und ob! Schon von außen ist es sehr eigenwillig gebaut mit seinen dreieckigen Bauten, die **Roald Amundsen** Forschungsschiffe **Fram** und **Gjøa** beherbergen.
Vollständig erhalten und in einem Stück. Die Fram ist auch das erste, was man erblickt, wenn man das Museum betritt. Und man ist sofort gefangen von der mystischen Atmosphäre. Das Museum ist überwiegend in blaues Licht getaucht und in regelmäßigen Abständen erklingt ein Ton, der sich schwer beschreiben lässt, aber unzweifelhaft zur Mystik der ganzen Halle beiträgt.

Man geht auch gleich die Treppen hinauf bis zum Oberdeck der Fram und arbeitet sich dann nach unten durch, beginnend auf dem Oberdeck. Während des Rundgangs durch das Schiff durch-

lebt man den „Komfort" von Polarexpeditionen zu Beginn des 20. Jahrhunderts, lernt einiges über die Anfänge von Expeditionskleidung, die Größe von Kajüten und dass Stolperfallen im Schiffsbau Programm waren. Nichts desto trotz ist die Bauweise der Fram legendär, da ihr Holzrumpf selbst dem Treiben im Packeis standhielt. Die ausgestellte Expeditionskleidung lässt einen erahnen, dass Polarforschung damals eine Herausforderung war. Um ein Gefühl für die Kälte zu bekommen, kann man sich in die häusliche Kältekammer des Museums begeben. Auf Polartemperaturen abgekühlt ist man nach zwei Minuten froh, wenn man sich wieder in wärmeren Gefilden aufhalten kann und der Respekt für die Männer, die sich am Pol Wochen und Monate aufhielten, ist ein gutes Stück gewachsen.

An den Wänden der Halle erfährt man allerhand über Roald Amundsen, seinen Wettlauf zum Südpol mit **Robert Scott**, aber auch über den norwegischen Polarforscher **Fridtjof Nansen**, der schon vor Amundsen mit der Fram in die Polarregion aufbrach. Liebevoll zusammen getragen wurden Ausrüstungsgegenstände, Kleidung und Nahrungsmittel, ergänzt durch Modelle, die den Besucher in die Polarwelt eintauchen lassen.

Die Gjøa, Amundsens zweites Schiff, muss seit einigen Jahren nicht mehr im Freien stehen, sondern wartet in der Nebenhalle auf den Besucher. Zwar ist sie ein gutes Stück kleiner als die Fram und man kann das Schiff nicht von innen besichtigen, trotzdem kommt sie beeindruckend daher. Im Museumscafé kann man kurz die Füße verschnaufen und setzt man sich auf eine der Bänke, muss man nicht unbedingt etwas zu trinken bestellen, kann aber das kostenlose WLAN nutzen.

Geöffnet in den Sommermonaten 9-18 Uhr, in den Wintermonaten 10-16 Uhr, Eintritt 100kr, erm. 70kr, Kinder 40kr, Bus 30, Haltestelle Bygdøynes, Fähre 91 ab Rathaus, Haltestelle Bygdøynes

Wikingerschiffmuseum

Auf der Halbinsel Bygdøy befindet sich auch das **Wikingerschiff-Museum (Vikingskipshuset)**. Es ist zwar klein und in einer ehemaligen Kirche untergebracht, doch zu sehen sind die besterhaltenen Schiffe der Welt, mit denen die Wikinger einst zu neuen Ufern aufbrachen.

Hier sei einmal gesagt, dass man grundsätzlich an den Wikingern nicht vorbei kommt, wenn man in Oslo ist. Kein Souvenir- und Museumsshop, der nicht Wikingerhelme in allen Variationen im Angebot hat. Deshalb ist man eben in diesem Museum besonders nah dran an der norwegischen Geschichte. Beim Zustand des **Gokstad-Schiffs**, eindeutig das Prachtstück der Ausstellung, kann man kaum glauben, dass es aus dem 9.Jahrhundert stammt. Noch weniger kann man glauben, dass es möglich war mit solchen Schiffen auf hoher See zu fernen Ländern aufzubrechen. Aber die Wissenschaft hat ja bewiesen, dass die Wikinger sich mit ihrem Schiffsbau in punkto Hochseetauglichkeit ein Denkmal gesetzt haben.

Zum hervorragenden Zustand des Schiffes sollte man sich die 32 Ruderer und die insgesamt 64 Mann starke Besatzung dazu denken. Vor dem Komfort stand damals noch der Drang nach Entdeckungen.
Das ausgestellte **Oseberg-Schiff**, das in weiten Teilen rekonstruiert wurde, kam mit dreißig Ruderern aus und barg bei seiner Entdeckung eine Grabkammer, in der zwei Frauen beigesetzt waren. Das Schiff diente sozusagen als Gefährt für die letzte Reise.
Eine Vielzahl von Grabbeigaben befindet sich auch im hinteren Teil des Museums. Boote, Schlitten, Wagen, Gerätschaften, Werk- und Zaumzeug, Textilien und auch Haushaltsgegenstände.

Die Wikinger waren eben keine blutrünstigen Krieger, sondern sorgten sich liebevoll um das Andenken ihrer Angehörigen.

Geöffnet in den Sommermonaten täglich 9-18 Uhr, in den Wintermonaten 10-16 Uhr, Eintritt 80kr, erm. 50kr, Kinder Eintritt frei, Bus 30, Haltestelle Vikingskipshuset

Die Wikinger

*Die **Wikinger** gelten im allgemeinen ja als blutrünstige Monster, die nichts taten außer andere Völker zu unterwerfen und nieder zu metzeln. Dieses Bild hält sich bis heute. Aber das ist nur ein Teil ihrer Geschichte. Doch wer sich einen Namen mit Schiffsbau und Navigation macht und in ferne Länder aufbricht um Kriege zu führen, muss wohl damit rechnen, dass die durchaus tugendhaften Seiten unter den Tisch fallen. Und die hatten sie tatsächlich. Das handwerkliche Geschick, das sie im Schiffsbau an den Tag legten, führten sie auch im Kunsthandwerk fort. Im 9. bis 11. Jahrhundert, der Wikingerzeit, war Handwerk so hoch angesehen, dass selbst Gegenstände des täglichen Gebrauchs wie Münzen und Waffen umfangreich kunsthandwerklich verziert wurden.*

Und fern von ihren Reisen profitierte Norwegen vom Erfahrungsschatz, den die Wikinger von ihren Feldzügen mitbrachten. Landwirtschaft, Handel, Glaube, alles verbesserten sie aufgrund der neuen Erkenntnisse. Die ersten Siedlungen gründeten

sie in dieser Zeit gleich mit, die Kinderschuhe von Administration, gesellschaftlichem und religiösem Leben waren geboren. Vermutlich ist auch Oslo eine der Städte, die aus der Wikingerzeit stammen, zumindest gibt es Ausgrabungen, die darauf schließen lassen.

Norwegisches Freilichtmuseum

Das **Norwegische Freilichtmuseum**, bei seiner Eröffnung 1881 übrigens das erste der Welt, verdient wirklich besondere Aufmerksamkeit, denn nichts spiegelt das norwegische Leben durch alle Jahrhunderte besser. Ja es ist nicht ganz preiswert, aber das Gelände ist so groß, dass man den Eintritt zu Lasten einer Tagesbudget-Überschreitung verwinden kann. Im Sommer ist es am schönsten, weil Norwegerinnen in Bunads, den norwegischen Trachten, umherlaufen, Brot gebacken wird und man quasi hautnah in die Geschichte eintaucht.

Man beginnt bei den Wikingern und mancher Besucher fühlt sich als sei er in ein Asterix-Heft gesprungen. Komfort? Nein, zumindest nach unserem heutigen Verständnis. Nahezu in jedes Holzhaus kann man hineingehen und Babywiegen, Holzschnitzkunst, Küchen, Wohnräume – eben die Lebensweise der Wikinger – begutachten. Am besten man begibt sich auf den Rundgang wie er auf dem kostenlosen Plan, den das Museum ausgibt, verzeichnet ist. Nachdem man also die Hütten der Wikinger hinter sich gelassen hat, gelangt man zur **Stabkirche von Gol**, an ihrem ursprünglichen Standort feinsäuberlich abgetragen und hier wieder aufgebaut. Das tut ihrer Magie keinen Abbruch. Die Wärme des Holzes und ihre Perfektion nimmt den Besucher gleich gefangen. Zusätzlich thront sie auf einer erhöhten Lichtung und wenn die Sonne hinter ihrem Dach untergeht ist die Mystik noch einmal so groß. Wie es bei Stabkirchen üblich ist konnten sich die Bauherren nicht entscheiden, den Giebel mit Kreuzen oder Drachen zu schmücken.

Im 12. Jahrhundert steckte der christliche Glaube in Norwegen eben noch in den Kinderschuhen. Im Laufe des Rundgangs tastet man sich immer weiter in die Neuzeit vor, wundert sich über die Enge norwegischer Wohnkultur im 17. Jahrhundert und betritt Stadthäuser, die samt Interieur originalgetreu hergerichtet sind. Apotheke, Krä-

merladen, Bank, norwegischer Alltag im Spiegel der Geschichte.

Geöffnet 15. Mai bis 14. September 10-18 Uhr, 15. September bis 14. Mai 10-15 Uhr, Eintritt 120kr, erm. 90kr, Bus 30, Haltestelle Folkemuseet

Munch-Museum

Da **Edvard Munch** nun mal DER norwegische Maler ist, soll sein Museum hier nicht fehlen. 2004 schrie ja die ganze Welt auf als am hellichten Tag zwei der Gemälde gestohlen wurden, die glücklicherweise 2006 bei einer Razzia wieder sichergestellt werden konnten. So wird es Dieben heute auch deutlich schwerer gemacht, wer das Museum besucht muss eine Sicherheitskontrolle über sich ergehen lassen.

Danach taucht man in chronologischer Reihenfolge in seine entstandenen Gemälde ein. Dass Munch solch kräftige Farben bei seinen Gemälden verwendete ist überraschend, litt er doch Zeit seines Lebens unter Depressionen und erheblichen Alkoholproblemen. Nichtsdestotrotz: sein Vermächtnis an die Stadt Oslo ist beeindruckend. Manchmal gibt es kostenfreie Miniausstellungen, weil das Museum zeitweise geschlossen ist, wenn an den Ausstellungen gearbeitet wird. Vorher deshalb unbedingt auf der Homepage vorbei schauen.

www.munchmuseet.no, geöffnet im Sommer täglich 10-17 Uhr, im Winter täglich außer dienstags 10-16 Uhr, Eintritt 120kr, erm. 60kr, Kinder unter 18 Eintritt frei, alle T-Bane, Haltestelle Tøyen

Astrup Fearnley Museum of modern art

Das **Astrup Fearnley Museum** gehört eindeutig zu den schönsten Gebäuden in Oslo im Herzen von Tjuvholmen. Seine Ausstellung ist etwas für Liebhaber der zeitgenössischen Kunst. Obwohl es sehr jung ist und erst 2012 eröffnet wurde, zählt die Sammlung jetzt schon zu den bedeutendsten in Nordeuropa. Zur Dauerausstellung gesellt sich stets eine Wechselausstellung.

Wer hinein geht, sollte auf einiges gefasst sein. Damian Hirst zeigt hier einige seiner Tierinstallationen, für den Besucher gewöhnungsbedürftig, zumindest wenn man eher der Mensch für Historisches ist. Die Wechselausstellungen haben von Milchtüten, die an der Wand lehnen, bis hin zu Installationen aus Scherben und dekorierten Ölfässern alles im Programm. Jeder muss für sich entscheiden inwieweit er zeitgenössischer Kunst gegenüber aufgeschlossen ist. Auf dem Balkon des Museums winkt ein traumhafter Ausblick auf das Rathaus samt Hafen, wo sich auf jeden Fall lohnt einige Augenblicke inne zu halten.

Wem zeitgenössische Kunst nicht zuträglich ist, genießt das Gebäude von außen und die Sonnenstrahlen, die durch das Glasdach tanzen.

Oder man geht gleich ein Stück weiter in den angrenzenden **Skulpturenpark** – den entwarf der Architekt des Museums, Renzo Piano, gleich mit -, wo man sich direkt ans Wasser setzt und den Blick auf das verbaute Holz und Glas genießt.

Geöffnet dienstags, mittwochs, freitags 12-17 Uhr, donnerstags 12-19 Uhr, samstags und sonntags 11-17 Uhr, Eintritt 100kr, erm. 60, Kinder unter 18 Jahre Eintritt frei

Kostenloser Besichtigungsspaß in der Umgebung von Oslo

Holmenkollen

Die **Skisprungschanze Holmenkollen** thront nördlich hoch über der Stadt und egal wo man sich in Oslo befindet sieht man sie als gleißende Metallzunge in den umliegenden Wäldern liegen. In zwanzig Minuten bringt einen die T-Bane dorthin. Leider kann man nicht gemütlich gleich am Schanzenlöffel aussteigen, von der Haltestelle macht man einen Konditionsmarsch bis zum Eingang der Skisprungarena. Die Steigung ist nicht zu verachten und im Sommer sollte man etwas zu trinken dabei haben.

Ist man am Holmenkollen-Restaurant auf halber Strecke angekommen tut sich bereits der grandiose Blick auf über den gesamten Oslofjord. Sommer wie Winter ist der Blick hier atemberaubend und besonders Sonnenuntergänge erfreuen das

Romantiker-Herz. Geht man weiter kommt man am wunderschönen Gebäude des Sporthotel Rica vorbei und auch hier ist die Aussicht ein Erlebnis. Die umliegenden Häuser der dort wohnenden Osloer versetzen einen unweigerlich in Strategie-Entwicklung wie man denn an so ein Häuschen kommt.

Die Schanze selbst ist die älteste noch bestehende der Welt, eingeweiht 1891, aber mehrmals umgebaut um sie den sportlichen Anforderungen heutiger Zeit anzupassen. Mit dem ersten Schanzenrekord von 21,5m ließe sich kein Staat mehr machen. Heute sind 134m drin, die von bis zu 30.000 Zuschauern bejubelt werden können. Mit nahezu 400m über dem Meeresspiegel liegt die Schanze so hoch, dass sie bei schlechtem Wetter zeitweilig in den Wolken verschwindet. Natürlich kann man auf den 60m hohen Schanzenturm auch bequem per Aufzug hinauf fahren. Dafür muss man allerdings sehr tief in die Tasche greifen. Im Eintritt ist der Besuch des Ski-Museums eingeschlossen.

Wer nicht eingefleischter Wintersport-Fan ist, muss selbst entscheiden, ob er für den noch einmal 60m höheren Ausblick, der jedoch grandios ist, die Kronen übers Budget investiert.

Auf jeden Fall vorbei schauen sollte man in der gleich in der Nähe liegenden **Holmenkollenkapelle**, von der aus man ebenfalls den ganzen Oslofjord überblickt. Stabkirchenfeeling inklusive. Zwar handelt es sich nicht um eine solche, aber sie wurde 1913 im Stil der Stabkirchen erbaut. Wenn man Glück hat findet gerade eine Hochzeit statt, denn der Osloer heiratet hier äußerst gern. Also Taschentücher bereithalten. Auch die Königsfamilie ist hier gelegentlich anzutreffen, ganz sicher am Weihnachtsabend, den die Royals grundsätzlich hier begehen.

Wer noch Atem hat geht gleich weiter zur Statue von **Hans Hagerup Krag**, norwegischer Ingenieur im 19. Jahrhundert. Er hat unbestritten den besten Platz in den Holmenkollen Hills ergattert und blickt an ihrem höchsten Punkt auf die gesamte Stadt. Und da sind wir wieder beim Thema Sonnenuntergang. Dazu muss man sich im Sommer zwar bis zum späten Abend in den Wäldern aufhalten, aber was gibt es besseres als den Blick auf ganz Oslo, wenn die Sonne den gesamten Himmel in zarte Rosatöne taucht und am Horizont des Fjords versinkt. Unbestritten ein Highlight und etwas, das man im Herzen mit nach Hause nimmt.

T-Bane 1, Haltestelle Holmenkollen, Gelände ganzjährig rund um die Uhr geöffnet, Eintritt frei, Schanzenturm und Ski-Museum geöffnet Oktober bis April 10-16 Uhr, Mai 10-17 Uhr, Juni-September 9-20 Uhr, September 10-17 Uhr, Eintritt 120kr, erm. 60 kr, Holmenkollenkapelle geöffnet 23. Juni bis 31. August 10-16 Uhr, Montag bis Freitag, Eintritt frei

Inselfreuden im Oslofjord oder Mittelmeer auf Norwegisch

Allgemein hält sich vielfach immer noch die Meinung, in Norwegen sei es immer kalt und dunkel.

Der Osloer Sommer tritt jedes Jahr den Gegenbeweis an. Von April bis September werden von den Fähren die Inseln des Oslofjords angefahren. Also reiht man sich am Rathausanleger in die Schlange, wartet eine kurze Zeit und sichert sich dann einen Platz auf dem Oberdeck. Da die Fahrt im Ticket für die öffentlichen Verkehrsmittel sowie im Oslopass eingeschlossen ist, muss man keine Kronen zusätzlich aus der Tasche ziehen.

Es empfiehlt sich hier gleich die Fährlinie 3 zu nehmen, denn so kommt man in den Genuss einer kostenlosen **Rundfahrt durch den Oslofjord**. Aber auf jeden Fall sollte man auf mindestens einer Insel aussteigen, oder gleich auf allen, denn jede hat ihren eigenen Reiz. Am Wochenende und an Feiertagen drängt man sich auf den Fähren mit den Osloern, die mit Kind und Kegel eine Auszeit auf den Inseln nehmen.

Hovedøya ist die nächstgelegene Insel, kaum hat man sich an den angenehmen Wind auf der Fähre gewöhnt ist die Fahrt schon wieder vorbei. Geht man den Hauptweg ab Anleger entlang, erreicht man schnell die Überreste des **Zisterzienserklosters** von 1147. Auch wenn heute nur noch die Ruinen übrig sind, strahlt es eine gewisse Romantik aus. Gleich davor hat ein kleines Café seine leuchtend roten Holzstühle aufgestellt, so dass man zwangsläufig in den Idylle-Modus fällt.

Kurz vor dem ehemaligen Kloster führt ein Weg hinauf zu einem kleinen Plateau, bestückt mit Kanonen aus dem 19. Jahrhundert. Hier kann man stundenlang an der Kante der Felsen sitzen und den Blick auf die übrigen Inseln und ganz Tjuvholmen und Akerbrygge genießen. An warmen Tagen passieren unzählige Segelboote. Auf den gegenüberliegenden Inseln schmiegen sich die skandinavischen Sommerhäuser an die Inselufer und leuchten in gelb, rot und weiß. Hier kann man wirklich ins Träumen geraten.

Hovedøya bietet aber noch viel mehr. Wer die Schwimmsachen eingepackt hat, kann am Sandstrand der Insel gleich ein Bad im Fjord ausprobieren. Alle anderen halten wenigstens die Füße rein oder nehmen ein Sonnenbad. Wer auf Sand in den Schuhen nicht so versessen ist, kann auf einer der zahlreichen Wiesen unter herrlichem Baumbestand picknicken oder einfach die Ruhe der Insel genießen.

Gressholmen, **Heggholmen** und **Rambergøya** sind eigentlich jeweils eigenständige Inseln, aber heute zu einer Insel verbunden. Kaum zu glauben, dass der Hafen von Gressholmen in den 1920er und 1930er Jahren erster Flugplatz Oslos war, auch wenn nur Wasserflugzeuge angelegt haben. Wessen Herz für die Fliegerei schlägt, kann noch heute die Reste von Anleger und Hangar begutachten, ebenso die Reste des ehemaligen Winterhafens. Dass der Fjord zugefroren ist, erlebt man in der heutigen Zeit selten, allenfalls eine dünne Schicht Eis hält sich zeitweise im Winter auf dem Wasser. Nun wer wollte heute auch noch mit Pferdeschlitten die Waren, die Oslo benötigte über das Eis transportieren? Im 19. Jahrhundert war das Gang und Gäbe, nachdem die Schiffe auf Gressholmen angelegt hatten.

Heute hat sich Technik und Industrie von der Insel weitestgehend verabschiedet und der Vogelwelt Platz gemacht. Die hat sich konsequent ihre Nistplätze erobert. Dementsprechend stehen Teile der Insel unter Naturschutz. Aber auch der Besucher kommt in punkto baden nicht zu kurz. Auf der Ostseite von Gressholmen gibt es zahllose Bademöglichkeiten.

Wer lieber badet wie Gott ihn geschaffen hat, ist richtig auf **Langøyene**, denn hier gibt es den einzigen FKK-Strand von Oslo. Aber auch wer lieber die Badesachen anbehält kommt hier auf seine Kosten. Die Insel hat einen riesigen Sandstrand und da das Wasser sehr flach ist, hat es im Sommer ruck zuck eine angenehme Temperatur um sich abzukühlen. Hier darf auch gezeltet werden. Wer also naturverbunden ist und übernachten zum Nulltarif sucht, kann sein Zelt gleich hier aufstellen. Man wird dann auch morgens von schnatternden Enten und Gänsen geweckt, die auf der ganzen Insel zu Hauf herumspazieren. Entsprechend sollte man sich vor ihren Hinterlassenschaften vorsehen. Der Blick auf den nächtlichen Sternenhimmel ist jedoch unbeschreiblich, vor allem um die Zeit der Mitternachtssonne. Zwar gibt es in Oslo keine Nächte, an denen die Sonne nicht untergeht, trotzdem ist das Licht Ende Juni ein ganz besonderes.

Wer noch nicht genug hat fährt noch nach **Lindøya** und **Nakholmen** und träumt von einem Ferienhäuschen hier. Das fällt nicht schwer in Anbetracht der norwegischen Ferienidylle, die dort herrscht.

Fährlinien B3, B4, 94, 95, ab Rathaus Brygge, die Fährlinien verkehren ab Rathaus mehrmals in der Stunde, ab Inselfähranleger in der Regel zweimal pro Stunde, örtlichen Fahrplan beachten (Aushang an jedem Inselanleger)

Wer in den Herbst- und Wintermonaten nach Oslo reist muss zwar auf den Besuch der Inseln verzichten, die nur mit der Fähre erreichbar sind, aber nicht auf das Inselfeeling selbst. **Ormøya** und **Malmøya** liegen im östlichen Teil des Oslofjords, sind aber durch Brücken mit dem Festland verbunden und somit ganzjährig zugänglich. Und hier zeigt sich dann auch, dass die Inseln im Winter durchaus auch ihren Reiz haben können. Wer mystische Stimmung sucht, hält sich dort am frühen Morgen auf wenn der Nebel in den Bäumen und dicht über dem Wasser hängt. Wenn dann die Wintersonne durch den Nebel bricht ist die Stimmung fast unheimlich und sähe man einen Troll zwischen den Bäumen, es wunderte niemand.

Im Sommer fährt man mit dem Bus bis zur Endhaltestelle auf Malmøya und läuft von dort einen Kilometer bis zur Solvikbucht mit herrlichem Sandstrand. Wer auf den Zauber stimmungsvoller Fotomotive aus ist, fährt Sommer wie Winter zum **Ingierstrand Bad**. Auch hier gibt es einen kleinen Sandstrand und vor allem einen Sprungturm, den man aufgrund seines schrägen Aussehens hervorragend zum Fotografieren nutzen kann, vor allem im Morgengrauen und am Abend.

Insel Malmøya, Bus 85, Haltestelle Malmøya, Ingierstrand, Bus 87, Haltestelle Ingierstrand

Nesodden

Die Inseln im Oslofjord sind ja kostenlos mit Wochenticket und Oslopass erreichbar. Für die Fahrt nach **Nesodden** muss man ein wenig aufstocken, aber für 20Kr extra pro Strecke erschließt man sich zusätzlich noch die Halbinsel im Süden von Oslo.

Entweder man löst den Extrafahrpreis direkt auf der Fähre oder am Automaten. Einfach eingeben, dass man mit „Reisekort" unterwegs ist, seine Fahrkarte auf den Scanner legen und schon ist die Karte aufgestockt für eine Fahrt. Funktioniert übrigens auch für den Weg zum Flughafen, wenn man wieder die Heimreise antritt.
Die Überfahrt dauert 25 Minuten, also Zeit um den Blick auf den Oslofjord zu genießen. Im Winter wie im Sommer zeigt sich der Fjord hier in immer neu-

en Gewändern. Von strahlend blauem Himmel bis Nebel, durch den die Sonne bricht, ist alles drin. Und auch wenn im Winter der Wind einem gefühlte minus zwanzig Grad bescheren kann: Zähne zusammen beißen und fotografieren, was das Zeug hält.

Vom Anleger aus läuft man ein Stück die Straße hinauf und biegt dann nach links auf den Küstenweg (Kyststien). Da der Weg bergauf, bergab geht gibt man im Winter ein gutes Bild als Rutschpartie ab, am besten man sucht sich die Wegstellen, wo das Eis nicht blank wie ein Spiegel ist. Wenn man Glück hat ist Granulat gestreut. Im Sommer kann man dieses Problem vergessen, sollte aber genügend zu trinken dabei haben, da der Weg größtenteils in der Sonne liegt. Vorbei kommt man an zauberhaften Buchten, wo man an warmen Tagen fast immer auch Norweger beim Baden antrifft und natürlich auch selbst die Füße in den Fjord halten kann. Nach ca. 2km erreicht man den kleinen Hafen von Oksval, wo die Strandhäuschen dicht an dicht stehen und der Strand voll von Norwegern mit ihren Kindern ist. Im Winter, wenn es klirrend kalt ist, sind die Wiesen voll von gefrorenem Reif und die Badehäuschen liegen schlafend da, was der idyllischen Atmosphäre keinen Abbruch tut.

Fähre 601 ab Akerbrygge, alle 30 Minuten, 20kr Aufpreis zu Reisekort/Oslopass

Marka-Love oder wo die Trolle sich gute Nacht sagen

Jeder Osloer kennt sie – die **Marka**. Schließlich ist sie Nordeuropas größtes Naherholungsgebiet. In ihrer Freizeit strömen die Osloer denn auch hinaus in den Grüngürtel, der um die ganze Stadt herum liegt.

Egal zu welcher Jahreszeit man dort ist: wer Ruhe tanken möchte und Natur liebt ist hier genau richtig. Im Winter liegt der Schnee manchmal kniehoch und in der T-Bane, die einen unmittelbar in den nördlichen Teil bringt, stolpert man über die Skier, die die wintersportsüchtigen Norweger auf dem Boden stapeln. Aber auch wer zu Fuß unterwegs ist, kann sich an den schneebedeckten Bäumen erfreuen und den Schnee unter den Schuhe knarren hören, alles mit Blick auf den

Oslofjord, der einem im winterlichen Licht zu Füßen liegt.

Im Sommer lässt es sich zusätzlich an vielen Stellen herrlich rasten. Einer der schönsten Seen in der Marka ist der **Sognsvann**. Die T-Bane bringt einen fast bis vor die Tür, von der Endhaltestelle sind es nur ein paar hundert Meter bis zum Seeufer. Für eine See-Umrundung braucht man nicht besonders lange, außer man lässt sich dazu hinreißen auf den Bänken, die teilweise auf winzig kleinen Felsvorsprüngen direkt am Wasser stehen, eine Pause einzulegen. Dem sollte man aber unbedingt nachgeben und den Blick auf das ruhige Wasser genießen.

So sieht man im Sommer auch nicht die Scharen von Joggern und Spaziergängern, denn dann strömt auch der Osloer hier hinaus. In die **Østmarka** bringt einen ebenfalls die T-Bane. Hier wandert man durch die größten Kiefernwälder außerhalb der Stadt und bekommt noch Seen, Moore und Wiesen dazu. Sozusagen Trollgebiet.

Nordmarka, T-Bane 1, Haltestelle Frognerseteren, Sognsvann T-Bane 3, Haltestelle Sognsvann, Østmarka, T-Bane 2, Haltestelle Ellingsrudåsen, Wanderwege ausgeschildert

Anhang

Von sauberen Socken und Mitbringseln – wie der Norweger tickt

Wer sich in Oslo bewegt kann sich überall in englischer Sprache verständigen, die so gut wie jeder Norweger beherrscht. Grundsätzlich redet man sich mit dem Vornamen an und duzt sich, ungeachtet dessen ob Verkäufer oder Staatssekretär. Das „Sie" ist allein dem König vorbehalten.

Hat man das besondere Vergnügen einer häuslichen Einladung zieht man an der Haustür immer die Schuhe aus, also vorher den Zustand der Socken überprüfen. Der Norweger feiert gerne zuhause und wer als Gastgeschenk Alkohol mitbringt muss damit rechnen, dass er unmittelbar verkostet wird, wenn er nicht ausdrücklich als Geschenk deklariert ist. Da keiner dem Gastgeber zumuten will ob der horrenden Alkoholpreise eine ganze Schar Trinkwütiger zu verköstigen, bringt der Norweger oft selbst zur Party mit, was er zu trinken gedenkt.

Hat man einmal am Glas genippt, lässt man das Auto bedingungslos stehen, denn bei einer Promillegrenze von 0,2 ist das Soll quasi erfüllt, wenn man eine Flasche Wein nur ansieht. Da die Strafen für Alkohol am Steuer gesalzen sind, läuft man Gefahr den Rest des Aufenthalts gänzlich ohne Budget auskommen zu müssen. Wem auf dem Hotelzimmer nach einem Gläschen ist geht zum Vinmonopolet, denn nur hier darf Hochprozentiges – und das meint alles über 4% - verkauft werden. Nach 18 Uhr steht man allerdings vor verschlossenen Türen.

Emotional ist der Norweger etwas zurückhaltend. Auf Rückantworten per SMS oder Email muss man gelegentlich sehr lange warten. Dafür ist eben auch der Alltag außerordentlich gechillt. Man stellt sich im Supermarkt brav in die Schlange und auch wenn das alte Mütterlein in unendlicher Geduld nach den Kronen in der Tasche sucht, nimmt der Norweger es gelassen hin. Geräuschkulisse von Straßenmusikern, Läden und Restaurants, verstopfte Straßen: kein fluchen, kein meckern, kein hupen. Diese außerordentliche Entspanntheit überträgt sich unweigerlich auf jeden Oslo-Besucher.

Kleine Stadtrundfahrt mit der Trikk Nr. 12

Wenn man schon über ein Ticket für die öffentlichen Verkehrsmittel verfügt, sollte man die Trikk für eine kleine Stadtrundfahrt nutzen. Oslo ist die einzige Stadt Norwegens, die über ein Straßenbahnnetz verfügt und die blauen Bahnen sind aus der Hauptstadt nicht wegzudenken, obwohl man gelegentlich denkt der ein oder andere Topf Farbe wäre der Optik zuträglich.

Steigt man an der Endhaltestelle Majorstuen in die Nummer 12 fährt man gemütlich am Frognerpark vorbei, nimmt einen Teil des Stadtviertels Frogner mit und erreicht dann nach ein paar Stationen Akerbrygge. Danach geht es vorbei am Rathaus und der Festung Akershus. Am Christiania Torv hat man Blick auf das alte Rathaus und das Stadtviertel Kvadraturen. Vorbei geht es an der Domkirche, dem Hauptbahnhof und abschließend durch das Viertel Grünerløkka, wo man an der Haltestelle Birkelunden wieder aussteigen und in eine Relax-Pause starten kann.

Touren

Im Herzen der Stadt: Gleich morgens kann man am **Rathaus** ->**S.26** starten, schlendert dann hinüber nach **Akerbrygge** ->**S.32** und weiter nach **Tjuvholmen**. ->**S.34** Wer am Wochenende in der Stadt ist fährt rauf auf den **Sneak Peak**. ->**S.36** Bei einer kleinen Rast auf den Holzstufen des Hafens kann man sich rüsten für den Spaziergang zur **Festung Akershus**. ->**S.38** Von dort ist man in wenigen Schritten am **Christiania Torv**, ->**S.80** dem Stadtteil **Kvadraturen** und geht dann weiter zur **Karl Johans gate**. ->**S.46** (Besichtigungsbudget **20 Kr**)

Östliche Innenstadt: Der **Vigelandpark** ->**S.65** ist ein guter Ausgangspunkt für ein Tagesfüllendes Programm. Danach kann man durch den Stadtteil **Frogner** ->**S.78** schlendern und endet am **Königlichen Schloss**. ->**S.41** Wer noch Besichtigungsatem hat geht noch auf Tour in der **Nationalgalerie**. ->**S.88** (Besichtigungsbudget **50kr**)

Nordöstliche Innenstadt: Der Park von **St. Hanshaugen** ->**S.71** ist ein guter Start in den Tag. Wenn man die historischen Häuserzeilen des Viertels begutachtet hat fährt man mit Bus Nr. 37 (Richtung Nydalen) bis Haltestelle Bjølsen und weiter geht es mit Bus Nr. 54 bis zur Endhaltestelle Kjelsås stasjon. Hier winkt der Einstieg für die Tour an der **Akerselva** ->**S.74** und man kann gleich noch das Stadtviertel **Grünerløkka** ->**S.82** anschauen. (Besichtigungsbudget **null Kronen**)

Östliche Innenstadt: Start an der T-Bane Haltestelle **Grønland. ->S.83** Von dort läuft man in Richtung des Stadtviertel **Gamlebyen ->S.84** und weiter zum **Ekeberg-Park. ->S.69** Auf dem Rückweg in die Innenstadt macht man im **Opernhaus ->S.60** Station und genießt den Ausblick vom Dach auf den Oslofjord. Zum Abschluss des Tages winkt der Ausblick auf die Hauptstadt vom **Radisson Blu Plaza Hotel. ->S.59** (Besichtigungsbudget **null Kronen**)

Praktische Tipps

Kostenloses WLAN gibt es in den meisten Hotels und vielen Restaurants und Cafés sowie einigen Museen, einen kostenlosen Hotspot hält auch der Visitor-Centre des Tourismusverbandes visitOslo am Hauptbahnhof bereit

Trinkgelder sind nicht selbstverständlich, aber jedes Restaurant freut sich über bis zu 10%

Supermärkte haben in der Regel wochentags von 7-23 Uhr geöffnet, samstags von 8-20 Uhr, die **Öffnungszeiten** sind meist in großen Lettern angeschlagen

Wer **krank oder verletzt** ist nutzt die medizinische Notversorgung Oslo Legevakt, Storgate 40, Tel: 0047 2293 2293

Die Vitusapotek, Jernbanetorget 4b hat rund um die Uhr geöffnet

Feiertage: 1. Januar (Neujahr), Gründonnerstag, Karfreitag, Ostermontag, 1. Mai (Tag der Arbeit), 17. Mai (Verfassungstag), Christi Himmelfahrt, Pfingstmontag, 24. Dezember (Heiligabend ab Nachmittag), 25./26. Dezember (Weihnachten)

Wetter: das Wetter ist in der norwegischen Hauptstadt zuweilen etwas launisch. Die schönste Reisezeit für Oslo beginnt im Mai, dann tragen die Bäume ihr Grün und die Temperaturen bewegen sich meist zwischen 12 und 20 Grad. Auch im Juni sind noch vereinzelt kühlere Tage drin. Juli und

August sind die wirklichen Sommermonate mit Temperaturen zwischen 20 und 25 Grad, es kann jedoch auch deutlich wärmer werden. Im Sommer 2014 hat Oslo wochenlang in 30 Grad geschwitzt. Bereits im September werfen sich die Bäume in ihr buntes Herbstgewand und im Oktober fallen die Temperaturen in den einstelligen Bereich. Ab Dezember muss man mit dem ersten Schnee rechnen, in der Innenstadt bleibt er zwar selten liegen, aber der Fjord reichert die Luft mit Feuchtigkeit an, so dass sich die gefühlte Temperatur deutlich unter null bewegen kann. Im Januar muss man mit Minusgraden rechnen. Erst im April sprießen wieder die ersten Knospen und ein Hauch von Frühling liegt über der Stadt.

Wenn man sich mit einem Tagesbudget von 30 Euro in Oslo bewegt sind Preise von Restaurants und Sehenswürdigkeiten von entscheidender Bedeutung. Obwohl unser Team ständig vor Ort ist und alle Informationen sorgfältig recherchiert wurden, können sich Preise und Qualität von Unterkünften und Restaurants ändern. Gleiches gilt für Eintrittspreise und Öffnungszeiten der Sehenswürdigkeiten. Wir bitten um Verständnis, dass wir für eventuelle Fehler keine Haftung übernehmen können.

Sollte der ein oder andere Leser über weitere Tipps verfügen, die seiner Meinung nach in diesem Buch fehlen, freuen wir uns über Anregungen per Email.

graefin@insidenorway.de